日本の古代を知る

古墳まるわかり手帖

監修 広瀬和雄

二見書房

はじめに

三世紀中頃から七世紀初め頃の約三五〇年間、北海道・東北北部と南西諸島を除く日本列島で、前方後円墳はおよそ五二〇〇基つくられました。円墳や方墳までも含めると、築造された古墳の総数は十数万基にも及びます。

前方後円墳などの大きな首長（豪族）墓は、往来する人々がかならず目にする交通の要衝や、平野から仰視できる丘陵などにつくられました。墳丘は二段や三段でつくられ、その斜面には礫石《れきいし》を葺《ふ》き、テラスには円筒埴輪《えんとうはにわ》を並べた、きわめてビジュアル的なモニュメントでした。

前方後円墳は、見せる墳墓だったのです。何を見せるのか。それは、「共通性」と「階層性」です。どこの地域でも、いつの時期でも、大筋ではよく似た姿で、古墳を築造した各地の首長（政治的リーダー）たちが、同じ政治団体に帰属していたことを示します。いわば広域首長層の〈われわれ意識〉を表したのです。

各地の首長が労働奉仕などで、大勢の民衆を率いて畿内《きない》などへ行く場合、陸路や海路の拠点に築かれた各地の古墳を見て、見覚えのある形に仲間意識を確認すると同時に、墳丘の大きさの差異や葺石《ふきいし》や埴輪などの外部表飾の豪華さを見て、力関係も否応なく視認させられるのです。前方後円墳をはじめとした古墳という墳墓は、可視的な政治システムを体現していました。

同じ頃、朝鮮半島でも古墳が築造されていましたが、基本的に一つの国で一種類の墳形の古墳がつくられていました。たとえば高句麗《こうくり》は方墳、百済《くだら》は小型

の円墳です。また、墳長が一〇〇メートルを超えるのは新羅《しらぎ》の皇南大塚《ファンナムデチョン》古墳ぐらいで、ほかは大きくても数十メートルほどでした。そして、円筒埴輪や葺石のような外部表飾もありません。

そう考えると、多彩な墳形をもち、装飾的で階層的な墳丘をそなえ、交通の要衝に築造されたわが国の古墳が、東アジアのなかでも一層の政治的色彩を色濃くまとっていることがわかります。いうなれば、各種の古墳は約三五〇年間に及ぶ〈目で見る王権〉に連携していたということです。

このように各地の古墳を見ていくことで、日本列島における首長同士が形づくった政治秩序が見えてきます。また、渡来的文物などを通して、東アジアでの政治交渉をはじめ、古墳時代の社会構造に論究できる豊かな素材なのです。

現在は樹木が生い茂ったり、家が建てられたり、畑に耕作されたりして消失する古墳があるいっぽうで、史跡公園として往時の姿に復元整備された古墳も多々あります。また、博物館や資料館では、そこから出土した副葬品が展示公開され、幾多の歴史情報や、これまでの研究成果が凝縮されています。それらを手がかりに、現代に生きる私たちは等身大の古墳時代を体感できるのです。現地で古墳に対面すれば、見たこともない、聞いたこともない千数百年前の出来事が想像できる。人間しかもっていない、このすばらしい特権を行使するための手がかりが、この一書にあればと願います。

国立歴史民俗博物館名誉教授　**広瀬和雄**

もくじ

中部エリア

近畿エリア

中国・四国エリア

一章
知っておきたい古墳の基礎知識

古墳とは何か、いつ頃つくられたのか、どういう意味をもつのかなど、古墳の基礎となる知識や副葬品などについて解説し、その謎と魅力をひもといていきます。

弥生《やよい》時代	後期	三世紀前半	山陰地方に四隅突出型墳丘墓《よすみとっしゅつがたふんきゅうぼ》が築造される 西日本を中心に、各地で地域色の濃い墓制が成立 纒向遺跡《まきむく》(奈良県桜井市)がつくられる 卑弥呼《ひみこ》が邪馬大国《やまたいこく》の女王に
古墳時代	前期	三世紀中頃	ヤマト政権が誕生する 最古級の前方後円墳・箸墓《はしはか》古墳の誕生 全国各地で竪穴《たてあな》石室に銅鏡や玉《たま》類、鉄製武器などを副葬した前方後円墳が築造される 大和《おおやまと》・柳本《やなぎもと》古墳群で大王墓級の巨大古墳が築造される 墳丘長二〇〇メートルを超える巨大な前方後円墳が続々と築造される
		四世紀末	奈良盆地や大阪平野に巨大前方後円墳を中心とした古墳群が出現 須恵器《すえき》の生産・使用が始まる

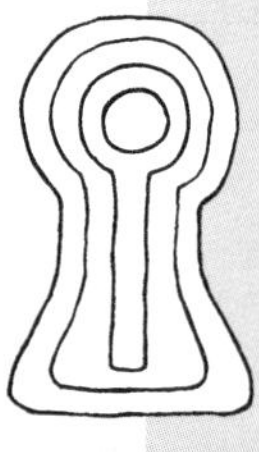

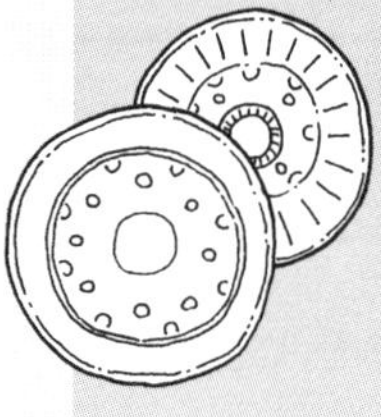

古墳時代

中期	五世紀初頭	上石津《かみいしづ》ミサンザイ古墳のような墳丘長が三〇〇メートルを超える古墳が現れる
		儀式用の「造り出し」をもつ古墳が現れる
		帆立貝形古墳が出現する
	五世紀前半	墳丘長四〇〇メートルを超える誉田御廟山《こんだごびょうやま》古墳が築造される
	五世紀中頃	墳丘長五〇〇メートルを超える大山《だいせん》古墳が築造される
		九州北部を中心に装飾古墳が築造される
後期	五世紀末	巨大古墳の築造が激減する
		横穴式石室が一般的になる
	六世紀中頃	百済《くだら》より仏教伝来
	六世紀後半	巨石を使った横穴式石室をもつ古墳が築造される
	六世紀末	西日本での前方後円墳の築造が減少
		最後の巨大前方後円墳・見瀬丸山《みせまるやま》古墳が築かれる
		装飾古墳が九州北部で盛んにつくられる
終末期	七世紀初頭	前方後円墳の築造がほぼ一斉に終息
		石舞台《いしぶたい》古墳のような巨大な横穴式石室をもった方墳が築かれる
	七世紀中頃	薄葬令《はくそうれい》発布により事実上の古墳時代の終わり
	七世紀後半	八角墳・上円下方墳が出現

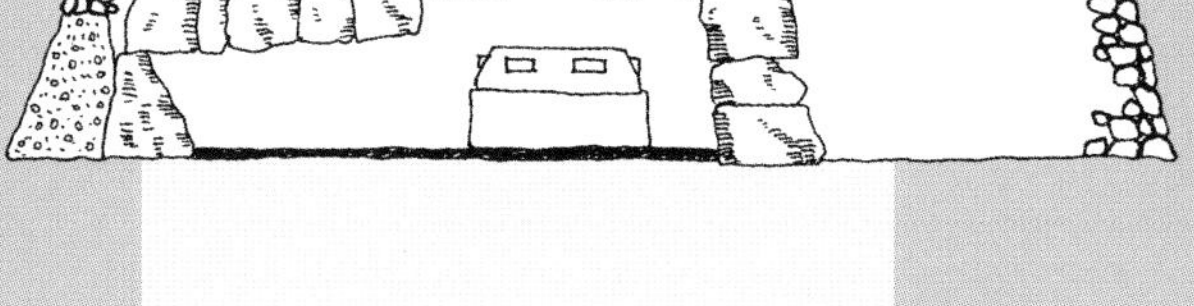

支配の拡大を示す古墳

古墳に埋葬されるのは 支配階級の人に限らない

古墳とは三世紀中頃から七世紀初め頃に築かれた、墳《ふん》丘《きゅう》（盛土）をもち、埋葬施設や副葬品など、画一性を備えた墓のことです。そこには各地の首長（政治的リーダー）や豪族《ごうぞく》のような権威ある人物が眠っています。もっとも、古墳時代でも六世紀頃になると、首長だけではなく中間層にも支配の手が及び、その証《あかし》として、小型の円墳や方墳が多数つくられました。そして中間層以上の人々も、亡くなれば古墳に埋葬されていたのです。

共同の埋葬地から 権威を示すものに

古墳が成立する以前の弥生《やよい》時代では、墳丘のない集合墓地が一般的でした。近畿地方などでは墓穴を溝で四角く囲んだ「方形周溝墓《ほうけいしゅうこうぼ》」などの簡素な墓がつくられ、形状や大きさによる格差は存在しません。

●墳丘墓と古墳の違い

	古墳	墳丘墓
形状例		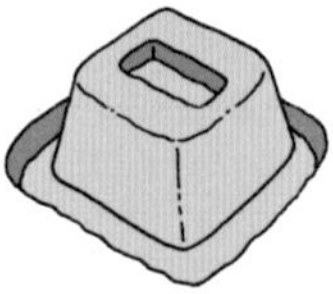
出現時代	古墳時代（三世紀中頃～）	弥生時代後期
つくられ方	統一性がある	地域によって異なる
大きさ	巨大なものも存在	古墳と比べると小規模
埋葬施設や副葬品	前期では割竹形木棺《わりたけがたもっかん》を竪穴《たてあな》石室に納め、鏡・武器・農工具など、一定の組み合わせの品々を副葬する	埋葬施設は簡素で、副葬品はほとんどない
代表的な形状	前方後円墳・前方後方墳・方墳・円墳など	方形墳墓・方形台状墓・円形周溝墓・四隅突出型墳丘墓《よすみとっしゅつがたふんきゅうぼ》・双方中《そうほうちゅう》円型《えんがた》墳丘墓など

しかし、紀元二世紀頃になると、西日本各地で四隅突出型墳丘墓や方形墳墓など、方形周溝墓よりも高い墳丘を備えた「墳丘墓」と呼ばれる墓が現れました。墳丘墓は、個人や小さな血縁集団ごとに埋葬するための墓として広まっていきます。各地の個性的な墳丘墓を統合し、それを大型化して多彩な副葬品をもった共通様式の前方後円墳が成立しました。

● 古墳の代表的なつくりと各部分の名称

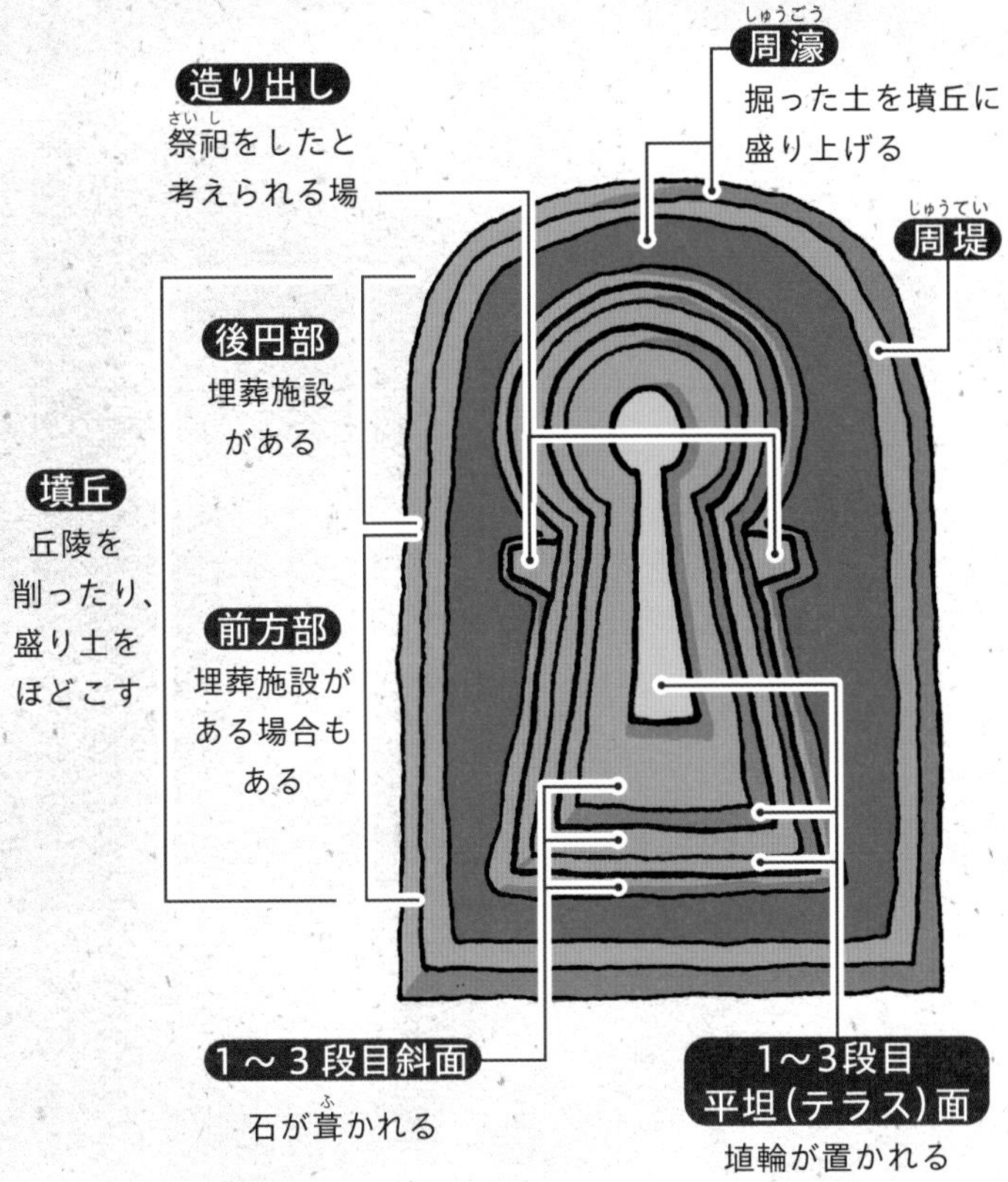

コンビニ超えの一六万基 沖縄以外の四六都道府県にまで分布

古墳には大きさや形状が埋葬される人の階層ごとに統一されています。たとえば、教科書に載っていて私たちに馴染《なじ》みの深い前方後円墳は、古墳の最上位に位置しています。鍵穴のような形状で、テラス（古墳の段部）には円筒埴輪《えんとうはにわ》が並べられ、斜面には葺石《ふきいし》が施されています。約五〇〇基の前方後円墳も合わせると、三世紀中頃から七世紀初め頃の三五〇年間で約五二〇〇基もの古墳がつくられました。

下位に属する古墳には、方墳や円墳など種類があります。古墳は全国で約一六万基も存在し、大多数は六～七世紀のものです。これは国内のコンビニエンスストアの店舗総数約五万七〇〇〇店舗（二〇二三年時点）の約三倍にも及びます。どの古墳も貴重な文化財ですが、その一部は通学路にあったり、住宅地にあったりと私たちの生活風景に溶け込んでいます。

変遷していく古墳の意味

二世紀頃にはすでに古墳に似た墳丘墓《ふんきゅうぼ》が存在

古墳を代表する「前方後円墳」は、その名が表すように、方形（台形）の前方部と円形の後円部が合わさった形状をしています。なぜ、大きく複雑な形状の前方後円墳が、たくさんつくられたのでしょうか。その始まりから終焉《しゅうえん》までをたどります。

古墳時代には、四つの時代区分が存在します。三世紀中頃から四世紀後半までを古墳時代「前期」、四世紀末から五世紀後半までを古墳時代「中期」、五世紀末から七世紀初めの頃までを古墳時代「後期」と呼びます。そして、前方後円墳がつくられなくなった七世紀以降を古墳時代「終末期」、もしくは「飛鳥時代《あすか》」と呼びます。

しかし、一般の人々が集合墓地に埋葬されていた二世紀頃には、円形や方形など、古墳に似た形状の小規模な墳丘をもった墓が確認されています。山陰や瀬戸内《せとうち》などの地方で発達した墳丘墓がそれにあたります。とくに有力者らの墳丘墓には石が貼りつけられたり、突出部がつけられたりと、古墳の形状に近いものが現れますが、現在見られるような大型の古墳は、この時点では築かれていません。

突発的に出現した二七二メートルの巨大前方後円墳

三世紀中頃、初期のヤマト政権発祥の地といわれる纏向《まきむく》（現在の奈良県桜井市《さくらいし》）は、都市的な機能をもっていたようですが、墳丘長約二七二メートルもの巨大な墓が突然現れました。この墓には纏向のみならず、九州や出雲《いづも》、吉備《きび》といった各地域で独自に発展してきた墳丘墓の要素が盛り込まれていました。そして、のちの古墳全盛期の前方後円墳を思わせる、鍵穴のような形状だったのです。

この巨大な墓が、倭王《わおう》（最初の大王《おおきみ》）の墓であり、古墳のなかでも最古級に位置づけられる箸墓古墳《はしはか》です。同じ頃に、箸墓古墳と同形の古墳が現在の京都府や岡山県などでも築造され、広域的な政治体の結成を意味するシンボルとなりました。

●弥生時代後期の主要な墳丘墓　古墳が築かれる前の墳丘は形に統一性がない

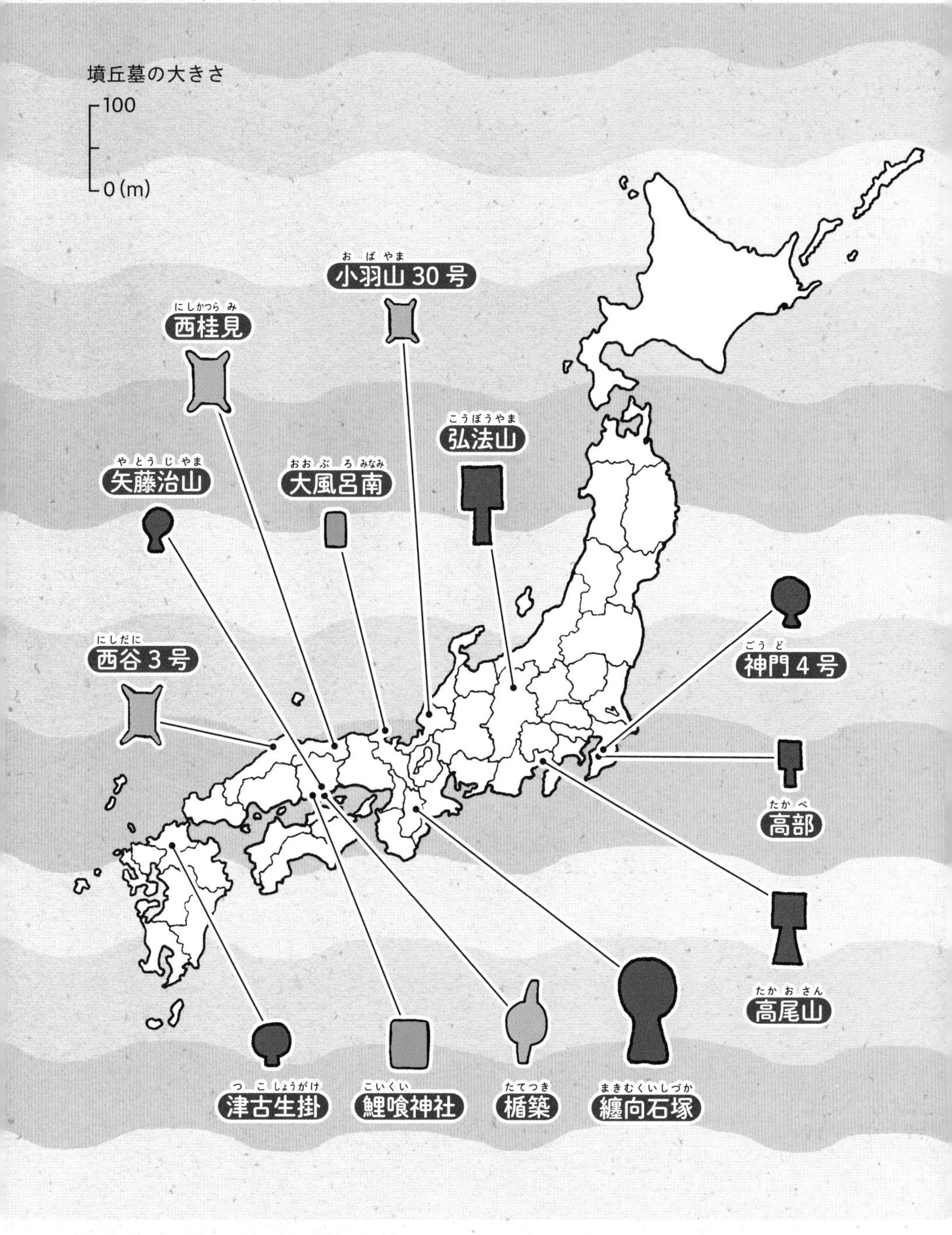

四世紀後半には巨墳の周囲に古墳群形成

古墳時代前期も終わりに近づいて、四世紀末頃になると、墳丘長二〇〇メートルを超える巨大な前方後円墳が増えてきて、それを中心とした大型古墳群が奈良盆地や大阪平野に出現します。この時代になると、巨大な古墳の被葬者の大王《おおきみ》との親密さや有力者同士の力の差に応じて、さまざまな大きさの古墳が築かれました。そうした流れのなか、支配階級を担《にな》う中間層の人々は小規模の方墳や円墳を築きました。

ただ、古墳時代前期の前半から、箸墓《はしはか》古墳以外にも西殿《にしとの》塚《づか》古墳（奈良県天理《てんり》市）やメスリ山古墳（同県桜井《さくらい》市）、桜井《さくらい》茶臼山《ちゃうすやま》古墳（同）などのように墳丘長が二〇〇メートルを超えるものがあります。古墳はつくられた時期によって細部の形状が異なり、箸墓古墳のように前方部先端が広がるものと、桜井茶臼山古墳のように前方部の幅が狭くつくられている柄鏡形《えかがみがた》のものとがあります。

有力者の権威が地方で同形同大の古墳を広める

中期になると、上石津《かみいしづ》ミサンザイ古墳（履中《りちゅう》天皇陵／大阪

古墳の時期区分

時期	前期 (3世紀中頃～4世紀後半)	中期 (4世紀末～5世紀後半)	後期 (5世紀末～7世紀初め)
形状	前方後円墳はくびれ部が狭くて、前方部が未発達	前方後円墳が巨大化して周囲に周濠《しゅうごう》や陪塚《ばいちょう》(大型の古墳を主墳とし、その周囲に付属する小規模の古墳)をめぐらす	前方部が発達して後円部を凌駕《りょうが》する
	墳丘の斜面に葺石《ふきいし》		
内部構造	竪穴《たてあな》石室、粘土槨《ねんどかく》、割竹形木棺《わりたけがたもっかん》など	竪穴石室、木棺、長持形石棺《せっかん》、舟形石棺など	横穴式石室が全国に普及
副葬品	鏡、装身具、碧玉《へきぎょく》製品、武具、農工具など	鏡、装身具、武器、武具、馬具、農工具など	鏡、装身具、武具、馬具、須恵器《すえき》など

府堺《さかい》市➡九六ページ）をはじめ、墳丘長が三〇〇メートルを超えるさらに巨大な古墳が登場します。また、四世紀末には耳のようにつき出た、儀式用の造り出しも生まれました。

また、上石津ミサンザイ古墳とほぼ同じ大きさの造山《つくりやま》古墳（岡山県岡山市➡一三〇ページ）や、仲津山《なかつやま》古墳（大阪府藤《ふじ》井寺《いでら》市➡九五ページ）を小型化したような女狭穂塚《めさほづか》古墳（宮崎県西都《さいと》市➡一五六ページ）などが数多く見られるようになりました。これは大王との政治的結びつきを強めた大首長が各地にいたことを示しています。

中期に生まれた 五〇〇メートル超の古墳

前期の古墳は、おおむね前方部より後円部の墳丘が高くなっていました。しかし中期では、その高さが同じくらいになり、一部前方部のほうが高い古墳も出現しました。墳丘の周りを囲む周濠《しゅうごう》も、時代が進むにつれてより広大になり、墳丘規模も二〇〇メートル超えのものが多くなっていきます。

五世紀前半から中頃には、墳丘長四〇〇メートルを超える誉田御廟山《こんだごびょうやま》古墳（大阪府羽曳野《はびきの》市➡九四ページ）や、五〇〇メートル超えの大山《だいせん》古墳（大阪府堺市➡九六ページ）もつくられ、大型化が加速していきました。しかし、古墳時代後期

前方後円墳の形状の変化

前期型

バチ形

前方部先端がバチのように広がる。後円部は前方部より高い

おもな古墳：箸墓古墳、椿井大塚山《つばいおおつかやま》古墳など

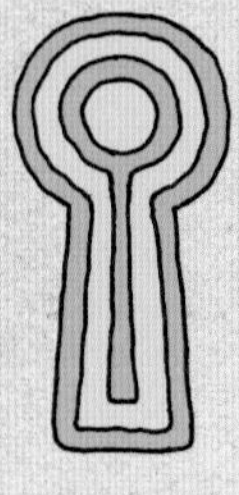

柄鏡形

前方部が細長い柄鏡形。後円部が前方部より高い

おもな古墳：桜井茶臼山古墳、メスリ山古墳など

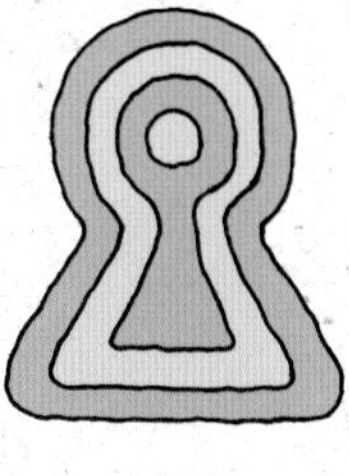

中期型

前方部が発達。幅が後円部を超える

おもな古墳：大山古墳、誉田御廟山古墳など

後期型

前方部の幅や高さが中期型より広く、後円部を超える

おもな古墳：今城塚《いましろづか》古墳、見瀬丸山《みせまるやま》古墳など

の五世紀末頃にもなると、こうした巨大古墳の築造も激減します。そして、中期とはまた外観が異なる古墳が見られるようになります。

くびれ部が太くなり前方部の幅は、より後円部を超えるようになります。また墳丘の高さも後円部を超えて、墳丘を覆っていた葺石《ふきいし》が施されていない古墳も増えていきました。

古墳内部の構造にも変化が現れます。中期までは「竪穴石室（棺《ひつぎ》を覆うために四方に壁をつくり、埋葬後棺の上に石板をのせて密閉した部屋）」が設けられていましたが、後期の古墳では遺骸《いがい》を追葬できる「横穴式石室（➡一二九ページ）」が一般化します。

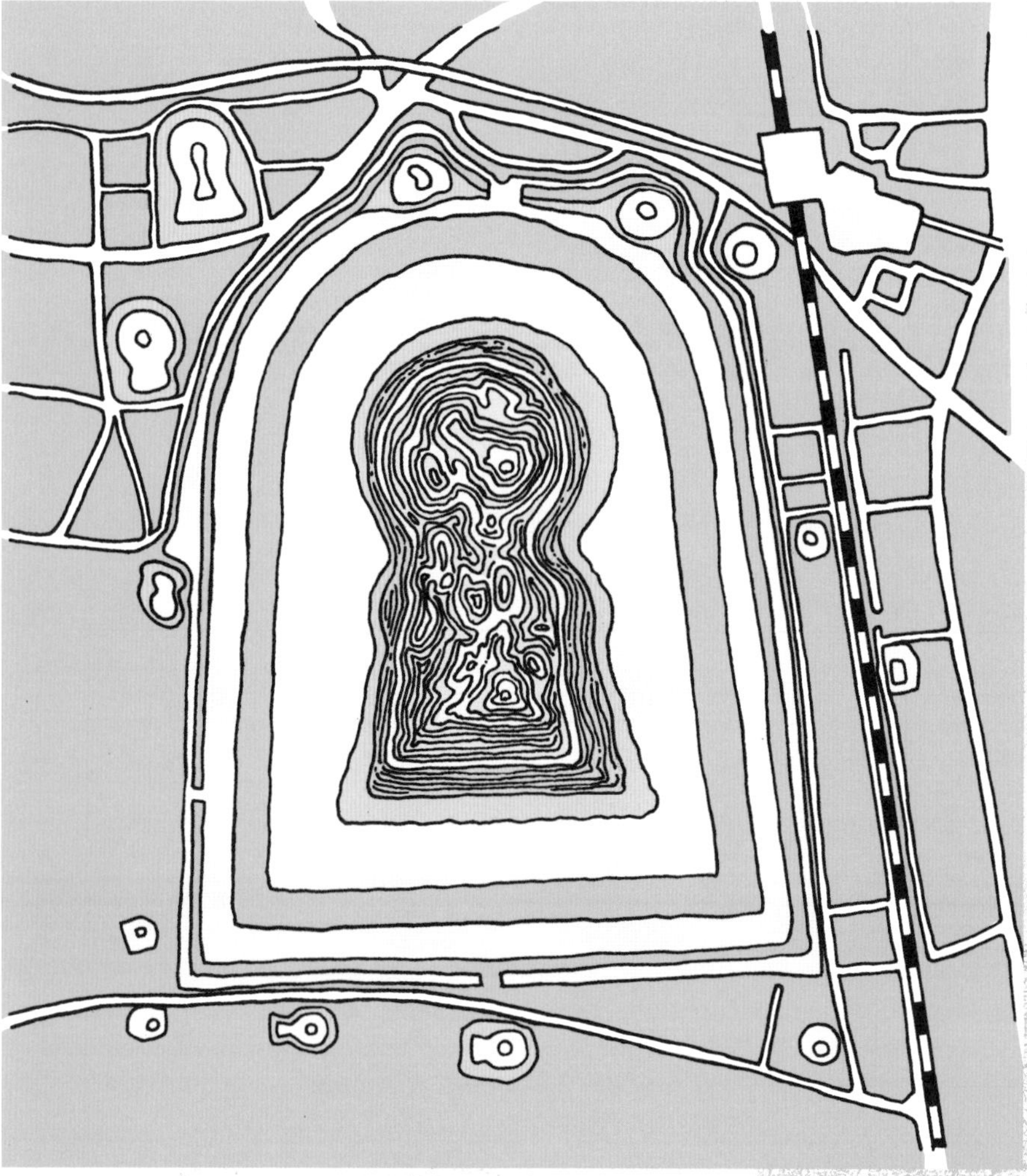

大山古墳を中心に複数の古墳が周囲に築かれている

この時代を代表する古墳として、河内《かわち》大塚山《おおつかやま》古墳（大阪府松原《まつばら》市）や、見瀬丸山古墳（奈良県橿原《かしはら》市）などが挙げられます。また、淀川《よどがわ》流域で最大級を誇る今城塚古墳（大阪府高槻《たかつき》市➡九三ページ）もこの時代に築かれた古墳です。

古墳の意味を揺るがせた 統治機能や身分制度発達

五世紀末頃から、墳丘は二段築成で築かれることが一般化します。鳥屋《とりや》ミサンザイ古墳（奈良県橿原市）や白髪山《しらがやま》古墳（大阪府羽曳野《はびきの》市）がその代表として挙げられ、とくに白髪山古墳は前方部が極大化している点が特徴となっています。

この時代では地域色が強まり、たとえば栃木県を中心によくみられる下野型《しもつけがた》前方後円墳では、下段が極端に広くなり、基壇《きだん》と呼ばれる平坦面を形成しています。

古墳時代も終わりに近づいてきた六世紀後半から七世紀初頭の西日本各地では、前方後円墳の築造は減少してきます。これには、中央や地方の統治機構、身分制度が発達し、古墳の大きさや形で身分や制度を示す必要性が薄まってきたことが背景にあったと考えられます。

しかし、関東では後期だけで約六五〇基もの前方後円墳が造営されました。そして、七世紀初め頃に前方後円墳はほぼ一斉に終息します。最後の前方後円墳の一基である見瀬丸山古墳の墳丘長は、約三三〇メートルにも及びます。

こうした背景から、古墳が単なる埋葬場所ではなく、政治的性質のある建造物だということが、改めてわかります。

上下二段構造の前方後円墳

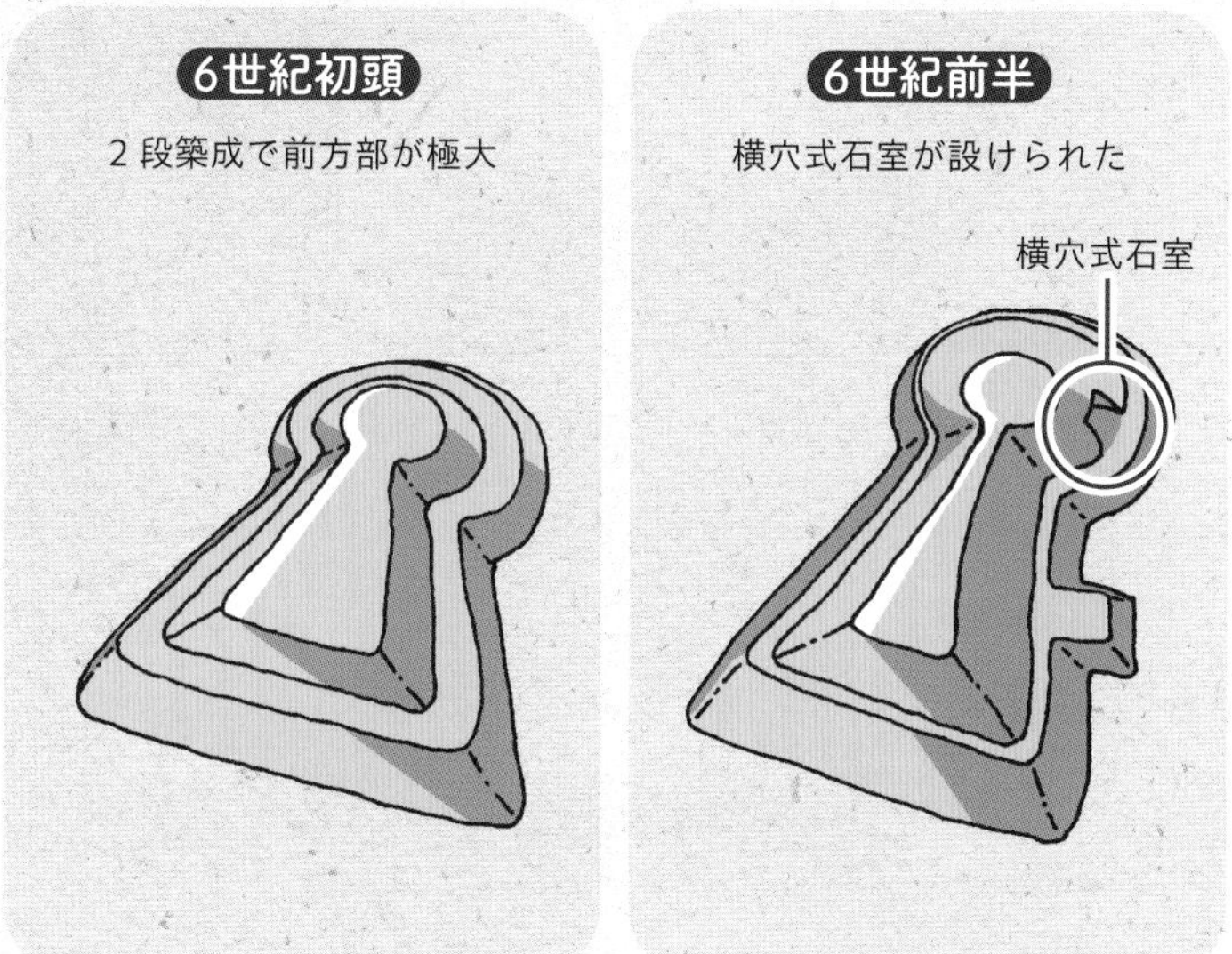

古墳の多様な形が生まれた背景

墳丘への登り道が変化し現在の前方後円墳の形に

前方後円墳や前方後方墳をはじめとして、方墳、円墳など、古墳にはさまざまな形があります。これらの形は、たまたまそうなったのではなく、そのような形につくられた経緯や理由があります。

弥生《やよい》時代後期に墳丘墓の大型化が進み、登り道にあたる突出部が、どんどん高く築かれるようになります。しだいに登り道としての機能は失われ、前方部への築造様式が変化、統一性が見られるようになったことで、現在の前方後円墳の形が生まれました。

被葬者が眠る墳丘には、埋葬施

竪穴《たてあな》石室と横穴式石室の構造

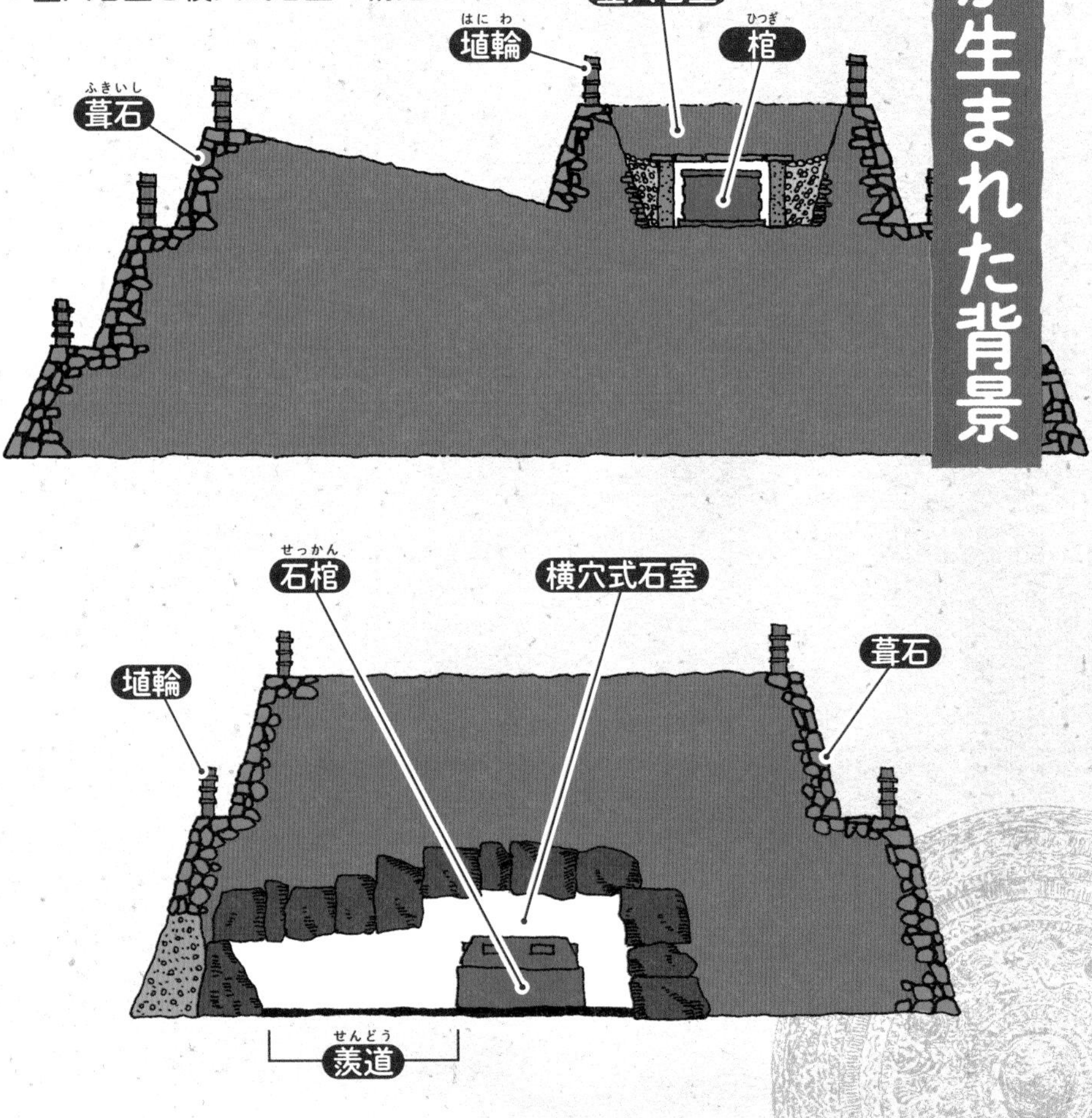

● 墳丘墓（弥生時代）から古墳へ

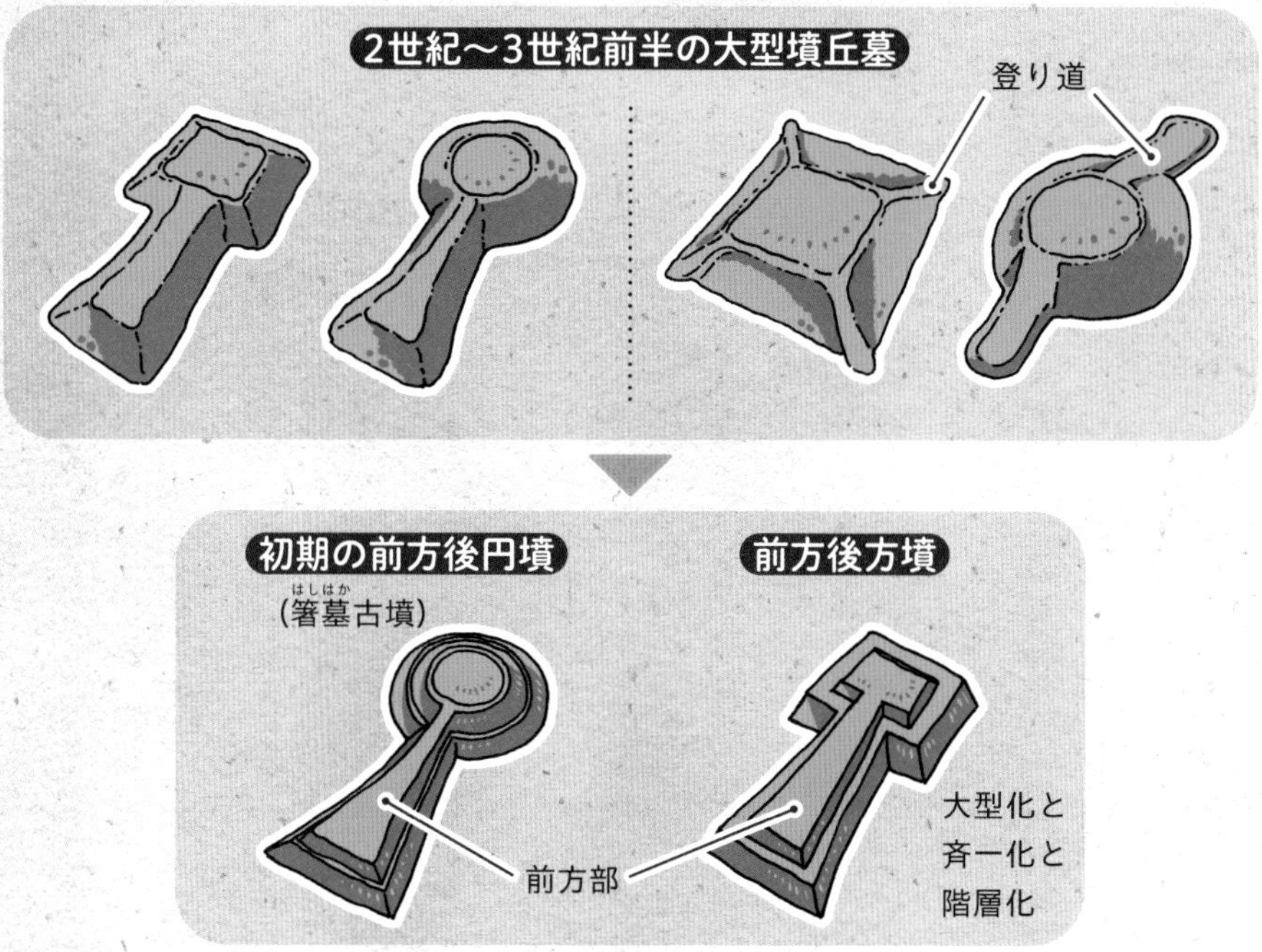

設として竪穴石室が設けられています。石室は、墳丘に掘られた穴（墓坑《ぼこう》）に石を積み上げてつくり、そこに棺を納めます。その後は、上にいくつかの石を載せ天井を塞ぐため、一度棺を収めてしまうと、簡単には出せない仕組みとなっています。

古墳時代後期には、竪穴石室から横穴式石室へと変遷していきます。埋葬施設はこのほかにも、粘土で木棺を被覆して密封する粘土槨《ねんどかく》や、石室を設けずに直接木棺を墓坑に埋める木棺直葬《もっかんじきそう》などがあります。

墳丘を築くための人員は一日に二〇〇〇人

巨大古墳と呼ばれるものの多くが前方後円墳ですが、墳丘の長さが二〇〇メートルを超える規模のものは、約三五〇年間も続いた古墳時代で、わずか四〇基ほどしか築造されませんでした。そのうち、三五基の古墳が畿内地域に集中しています。

墳丘の長さが一〇〇メートルを超える前方後円墳や前方後方墳は、およそ三二〇基が造営されました。そのうちの一四〇基ほどもまた、畿内地域に偏在しています。日本最大の前方後円墳である大山《だいせん》古墳を見てみると、その墳丘は周濠《しゅうごう》に水没している墳裾《ふんすそ》までおよそ五二五メートルにも及びます。

大手建設会社、株式会社大林組プロジェクトチームの試算によると、墳丘の築成には一日二〇〇〇人で一五年八カ月かかり、現代の貨幣価値に換算すると八〇〇億円にもなるといいます。当時の日本の人口は四〇〇から五〇〇万人と推定されるため、巨大古墳の造営はかなり大きな事業だったと考えられます。

前方後方墳に眠る劣位の政治勢力の有力者

前方後円墳と併存した形状の古墳として、「前方後方墳」が存在します。その名のとおり、後方部の墳丘が方形で、日本最大のものは大和《おおやまと》・柳本《やなぎもと》古墳群（奈良県天理《てんり》市⬇一〇四ページ）の一角を占める、西山《にしやま》古墳です。その墳長は約一九〇メートルと、大型の前方後円墳と比べると比較的小型です。

前方後方墳に埋葬された人々は、前方後円墳に眠る有力者らに比べると、政治的位置が劣位にあった首長たちと考えられます。前方後方墳は東日本に多い傾向がありますが、畿内をはじめ、出雲《いづも》や吉備《きび》などにも少なくありません。ところが四世紀末頃を境に、前方後方墳は出雲国《いづものくに》（現在の島根県の東半部）など以外では消滅します。

圧倒的多数を誇る方墳・円墳 前方後円墳から派生した帆立貝形古墳

前方後円墳の位置づけが、農耕共同体の大首長が眠る墳墓というのに対し、小首長を含め中間層の人々が眠る古墳は、「円墳」や「方墳」だったと考えられています。

円墳と方墳は三世紀から七世紀にかけて各地で築かれた小型の古墳です。五世紀を過ぎてからは圧倒的に円墳の数が多くなっていき、古墳全体の九割を占める形状となります。方墳と円墳いずれも、前方後円墳が終息してからは有力者の墓として築造されることになり、石舞台《いしぶたい》古墳（奈良県高市《たかいち》郡

大小さまざまな方墳・円墳

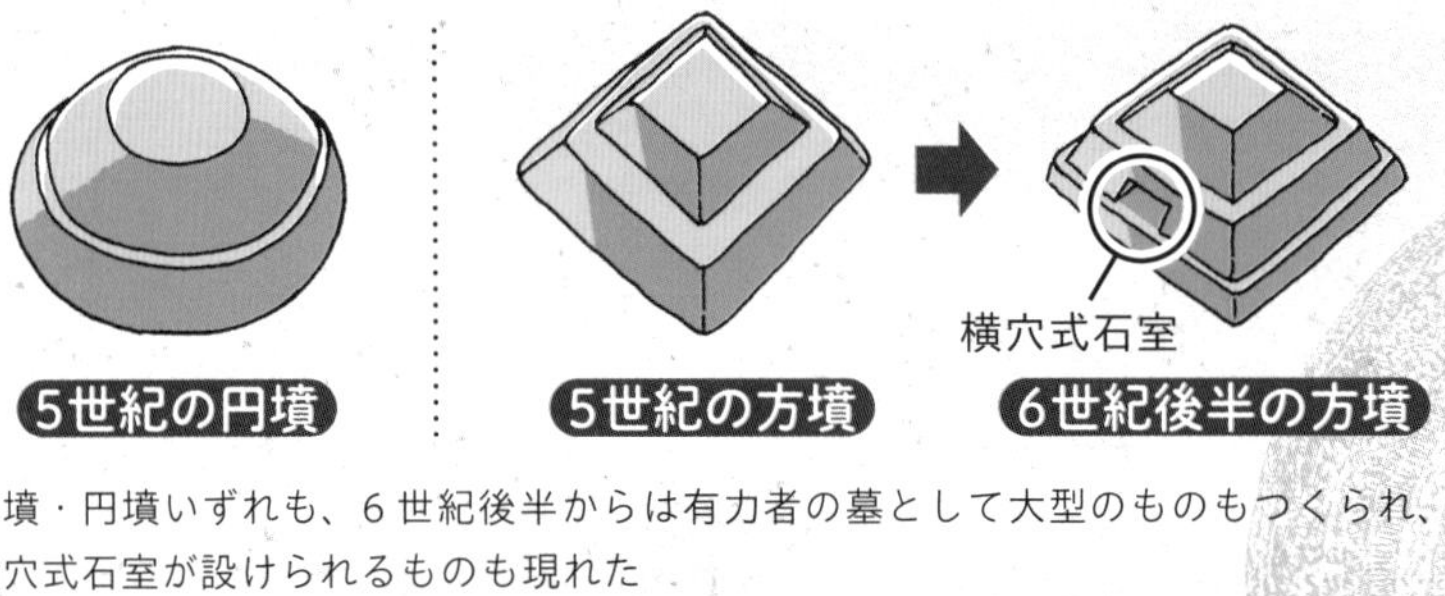

方墳・円墳いずれも、6世紀後半からは有力者の墓として大型のものもつくられ、横穴式石室が設けられるものも現れた

● **古墳の序列**　それぞれの古墳の形や大きさによる序列関係を示している

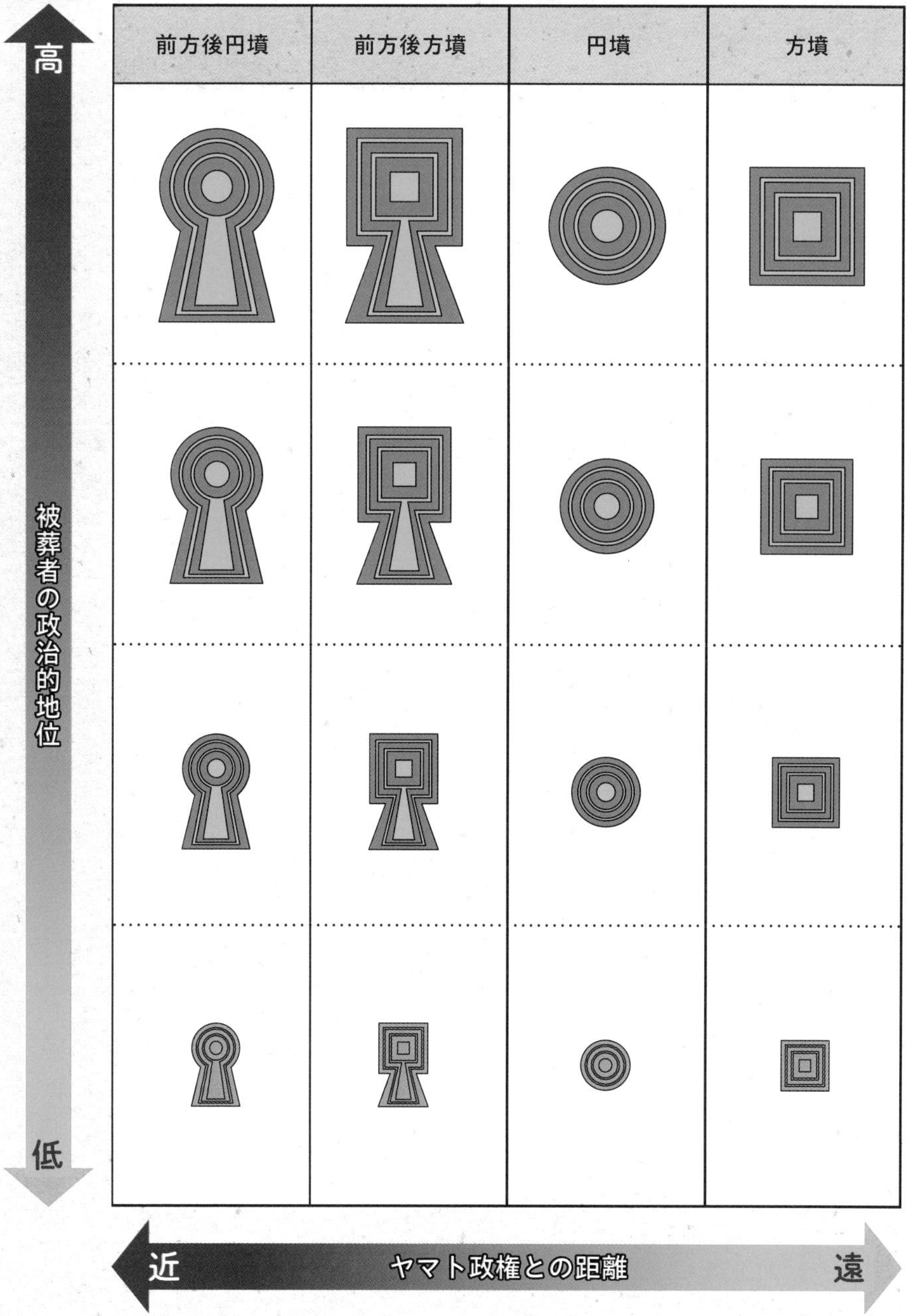

出典：都出比呂志「墳丘の型式」(『前方後円墳と社会』塙書房）を元に一部改変して作成

明日香《あすか》村⬇一〇六ページ）などのように大型のものも見られます。

帆立貝形古墳の被葬者は、序列でいうと前方後円墳の被葬者よりもやや低い位置づけで、前方部が低く短いことが特徴です。五世紀になって広く各地に出現しますが、これは大王《おおきみ》の王権が地方でますます強力になっていくことの反映とされます。九州の男狭穂塚《おさほづか》古墳（宮崎県西都市《さいと》⬇一五六ページ）は、日本最大の帆立貝形古墳です。

帆立貝形古墳

日本で唯一の形状となる 双円墳・双方墳

前方後円墳から形状が変化した帆立貝形古墳だけでなく、円墳や方墳から形状が変化した変化した古墳もいくつか存在します。たとえば、三〜四世紀の讃岐《さぬき》（現在の香川県）の猫塚《ねこづか》古墳などの「双方中円墳」は、円丘部の両側に前方部が延びています。

また、五世紀の前方後円墳に設けられた造り出しがある円墳や方墳も築かれました。造り出しとは、方形の壇状の舞台のような古墳の施設のことです。一種の祭壇であったという説が有力です。


日本で唯一、円と円が合わさった形状の古墳も見つかっています。六世紀末頃につくられた金山《かなやま》古墳（大阪府河南町《かなん》⬇九二ページ）がそれにあたり、「双円墳」と呼ばれています。

また、七世紀後半に築かれたとされる二子塚《ふたごづか》古墳（大阪府太子町《たいし》）は四角形が二つ合わさった「双方墳」です。こ

● 多彩な古墳の形状

ちらも日本で唯一の形状です。

墓制の意味の変質により生まれた八角墳や上円下方墳

前方後円墳は、「古墳時代＝前方後円墳の時代」といっても過言ではない象徴的な存在ですが、七世紀初め頃には、その築造が終息します。いっぽうで方墳や円墳は、数は減少したものの、その後しばらくはつくられていました。七世紀の終末期につくられた古墳を「終末期古墳」（➡四五ページ）と呼びます。さらに七世紀後半には、新たに「八角墳」「上円下方墳」がつくられます。

八角墳の形状は、その名のとおり八角形をしています。この形は、法隆寺《ほうりゅうじ》の夢殿《ゆめどの》などの八角円堂を模して仏教思想を反映したとする説や、八方全方位の支配者であるという中国の思想に由来するという説など、諸説あります。七世紀後半以降につくられ、大王墓《だいおうぼ》（天皇《てんのう》陵《りょう》）などに採用されている墳形です。

上円下方墳は、方墳の上に円墳が載った形をしています。関東地方を中心に、七世紀の中頃以降につくられました。古代中国の宇宙観である天円地方の観念を体現しています。

各地で古墳が一気に減った終末期には、古墳の意味は限られた階層の造墓《ぞうぼ》という位置づけへと変わっていきます。そのため、八角墳や上円下方墳のような個性的な形状の古墳が見られるようになったといえます。

復元整備された牽牛子塚《けんごしづか》古墳（八角墳）

上円下方墳である石のカラト古墳

有力者の性質の変遷を示した副葬品

鏡は威信、鉄剣《てっけん》は権力、農具は生産を示した

古墳に埋葬された有力者には、さまざまな副葬品が一緒に埋葬されました。弥生《やよい》時代の北部九州では、すでに鏡や玉といった副葬品が納められていたとわかっていますが、古墳時代になると副葬品の種数がより増えてきます。それらを三つに分類すると次のとおりです。

これらはいずれも共同体（首長のもとに集まった家族を越えた地域の集団）を存続させていくためのものとして使用された品物です。

威信財（首長の政治的権威の源となる財物）	中国鏡《ちゅうごくきょう》（三角縁神獣鏡《さんかくぶちしんじゅうきょう》や内行花文鏡《ないこうかもんきょう》など）、甲冑《かっちゅう》、装飾大刀《そうしょくたち》や装飾馬具
権力財（首長の権力を維持するために使われた財物）	鉄刀《てっとう》や鉄剣、鉄槍《てつやり》など
生産財（食料の生産や森林伐開作業に使用された道具）	鉄鎌《てつがま》や鉄鍬《てつくわ》・鋤《すき》といった農工具

葬具

鏡は呪術的な副葬品で不老不死を体現する

中国鏡は、中国王朝の権威が示されるだけでなく、三角縁神獣鏡や画文帯神獣鏡《がもんたいしんじゅうきょう》といった一部のものは、不老不死を体現したものだともされています。鏡面を上に向けて棺《ひつぎ》の中に副葬される例があり、「侵入者をはね返す」といった意味があると考えられています。

弥生時代から副葬品とされてきた中国鏡ですが、勾玉《まがたま》や碧玉《へきぎょく》製の腕輪形石製品といった呪術的な品物が副葬品として目立つ三世紀中頃につくられた古墳から、多く出土しています。古墳時代前期にあたるこの時期では、まだ首長は司祭者としての性質を残しており、おもに威信財が副葬品として重視される傾向にありました。

中国鏡はその名が示すとおり、中国から入手したものですが、古墳時代前期には、すでに国産の鏡がつくられていました。四世紀に築造された富雄丸山古墳《とみおまるやま》（奈良県奈良市➡一〇三ページ）では、高度な金属加工技術でつくられた銅《どう》鏡《きょう》が出土しています。銅鏡は円形が一般的ですが、この銅鏡は盾《たて》のような形をしている点が特徴です。

また富雄丸山古墳では、二メートルを超える蛇行剣《だこうけん》も出土しています。こちらも国産とされており、盾形の鏡と合

出土した副葬品の例

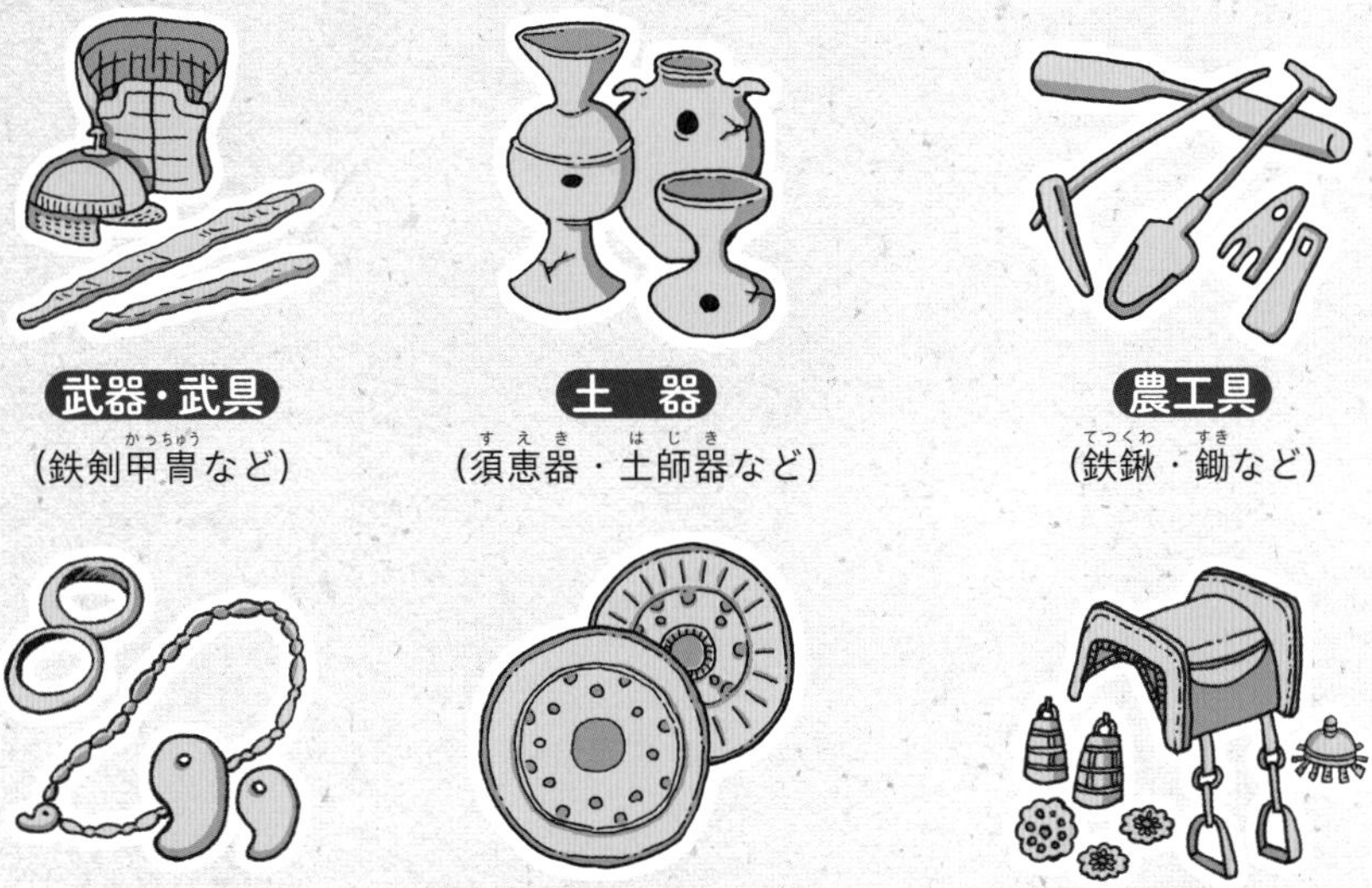

武器・武具
（鉄剣甲冑《かっちゅう》など）

土器
（須恵器《すえき》・土師器《はじき》など）

農工具
（鉄鍬《てつくわ》・鋤《すき》など）

装身具
（勾玉《まがたま》・管玉《くだたま》など）

銅鏡

馬具
（鞍《くら》・杏葉《ぎょうよう》など）

蛇行剣のイメージ図

全長237cm。刃部の長さ216cm

わせて辟邪《へきじゃ》（邪悪なものを祓《はら》う）思想が込められているといいます。

碧玉製の腕輪形石製品は、緑色をした碧玉という石でつくられた儀器《ぎき》です。その穴は腕を通すには小さいため、祭《さい》祀《し》などで使うための非実用的なものと考えられています。勾玉の多くは翡翠《ひすい》からつくられていますが、碧玉やメノウなどでつくられたものもあります。

司祭的性質から軍事的に終末期には生活品も

古墳時代も中期になると、副葬品の性質も変化していきます。呪術的な威信財が主流だった前期から、権力財と呼ばれる、鉄剣や鉄槍《てつやり》のような実用性のある武具が目立つようになってきます。

軍事的な権力を誇示するものとして扱われていた品物である権力財が副葬品として選ばれるようになったのは、埋葬された有力者の司祭的な性質がうすれていったためだと考えられます。

全国各地の古墳で出土している「短甲《たんこう》」と呼ばれる胴《どう》鎧《よろい》は、いずれも共通した構造となっています。ここから、中央政権と地方の首長との政治的結びつきが表されています。そして、中心地にあった百舌鳥《もず》・古市《ふるいち》古墳群（大阪府堺市ほか➡九四、九六ページ）といった古墳からは、多いときには一〇領以上の短甲が出土しています。

前期の古墳では、一つの古墳に中国鏡が多数納められている、ということがありましたが、後期にはそうした傾向はなくなり、中期に続いて、おもに権力財が副葬されます。そこに須恵器《すえき》（ろくろで大量生産された土器）や土師器《はじき》（ろくろを使わずつくられる土器）といった生活財が加わっていきます。終末期になると、装身具や武器、土器は依然として群集墓にも副葬されますが、威信財は少なくなっていきました。

古墳と副葬品の変遷

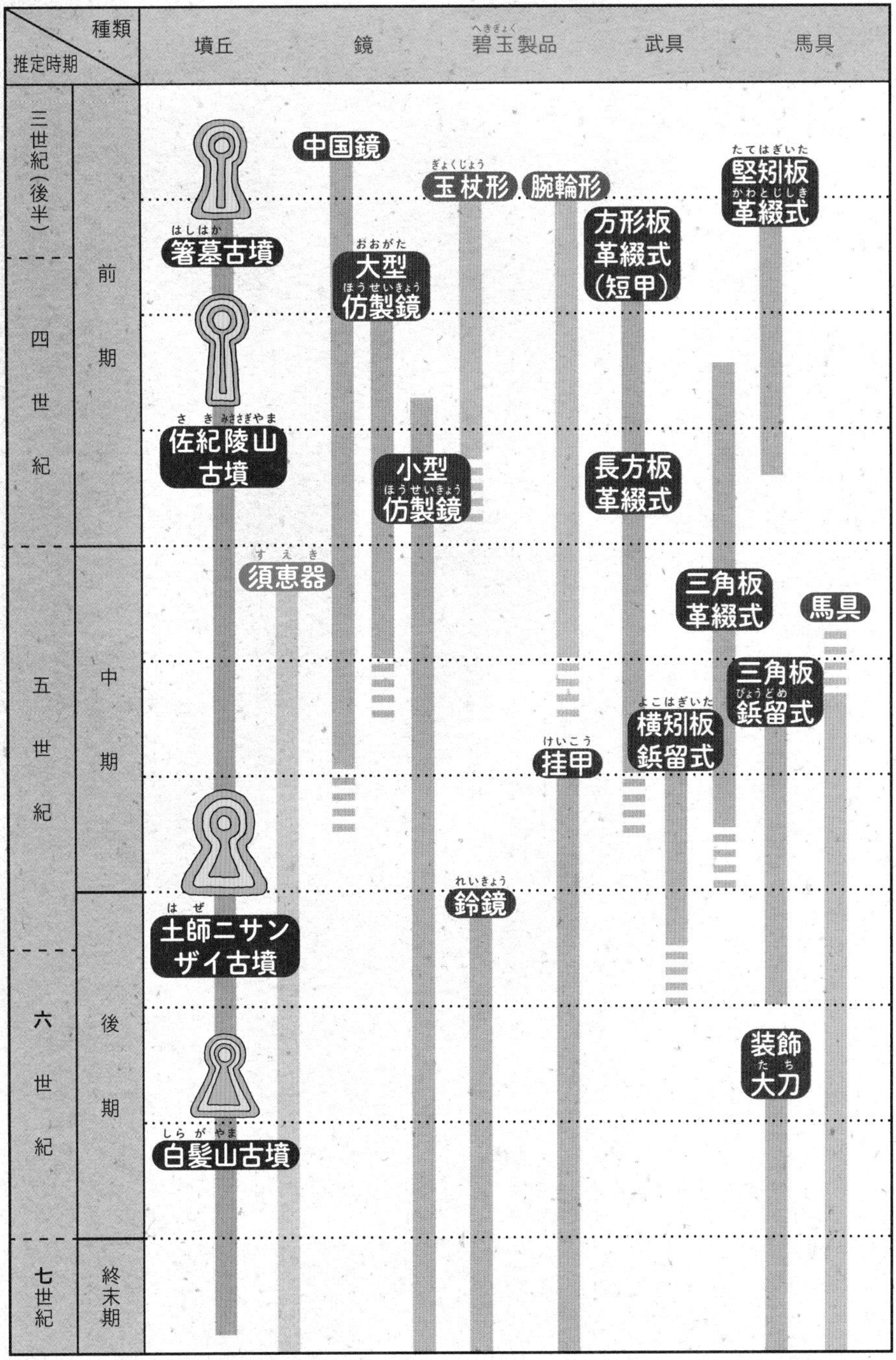

種類
推定時期
墳丘
鏡
碧玉《へきぎょく》製品
武具
馬具
三世紀(後半)
四世紀
五世紀
六世紀
七世紀
前期
中期
後期
終末期
箸墓《はしはか》古墳
佐紀陵山《さきみささぎやま》古墳
土師《はぜ》ニサンザイ古墳
白髪山《しらがやま》古墳
須恵器《すえき》
中国鏡
大型《おおがた》仿製鏡《ほうせいきょう》
小型仿製鏡《ほうせいきょう》
鈴鏡《れいきょう》
玉杖形《ぎょくじょう》
腕輪形
方形板革綴式(短甲)
長方板革綴式
三角板革綴式
三角板鋲留式《びょうどめ》
横矧板《よこはぎいた》鋲留式
挂甲《けいこう》
堅矧板《たてはぎいた》革綴式《かわとじしき》
馬具
装飾大刀《たち》

古墳からひもとかれる中国・朝鮮半島との関係性

東アジアの激動がわかる副葬品の大量出土

古墳時代は、朝鮮半島との結びつきが深かった時代でもあります。四・五世紀の畿内につくられた古墳群からは、中国鏡《ちゅうごくきょう》や鉄製武具、農工具といった同一の副葬品が大量に出土しています。これは日本各地に広がる共同体から生産されたものを、一度中央に集めたのち、各地方へと再配布される仕組みがつくられたことを示します。

四世紀後半の朝鮮半島は高句麗《こうくり》が南下し、東アジア情勢が緊迫するほどの激動の中にありました。日本は鉄素材の入手ルートを確保するために、朝鮮半島への派兵も行っています。こうした背景から日本と朝鮮半島南部では、「人」と「人」の往来、「もの」と「もの」の交易を速やかにするべく、こうした仕組みがつくられたと考えられています。

また、弥生《やよい》時代前期末の、九州北部の首長墓《しゅちょうぼ》と朝鮮半島南部の首長墓で、副葬されている青銅製武器が類似していることにも注目されています。これは、九州北部の首長が朝鮮半島南部の首長に対し、強い親縁性をもっていたことに由来すると考えられています。

弥生時代後半になると、九州北部の首長墓では、後漢鏡や鉄製武器が出土しているのに対し、朝鮮半島南部ではより多くの青銅武器が出土するようになります。これらから考えられるのは、九州北部の首長の朝鮮半島南部の首長に対する意識がうすらいでいたのではないか、ということです。こうした事例から、東アジアでの政治交渉を研究するうえでも、古墳の重要性が示唆《しさ》されています。

四世紀後半頃の沖ノ島《おきのしま》では、国家的な祭祀《さいし》が始まりました。この祭祀では、朝鮮半島と日本をつなぐため、朝鮮半島への安全な航行が祈願されました。その際に使用された奉献品と、前方後円墳の副葬品には共通性があります。

武寧王《ぶねいおう》が眠る円墳でも直径は一〇数メートル

朝鮮半島でも古墳が発見されています。百済《くだら》や新羅《しらぎ》では四世紀後半頃から末頃に、加耶《かや》では五世紀中頃になってから古墳が形成されています。基本的に一国につき一墳形で、鴨緑江《アムロクガン》と大同江《テドンガン》流域に古墳群が集中している高句麗は、積《つみ》石塚《いしづか》（自然石を積み上げ、切石で表面を飾って墳丘をつくった墓）の方墳がつくられています。

武寧王夫妻が眠る武寧王陵

漢江《ハンガン》流域などで見られる百済の墳形は、小型の円墳です。新羅は慶州《キョンジュ》周辺などで確認でき、円墳がほとんどですが一部は双円墳など、それぞれの国ごとに特色があります。

朝鮮半島の古墳で墳丘長が一〇〇メートルを超えるのは、朝鮮半島最大の皇南《ファンナム》大塚《デチョン》古墳くらいで、百済第二五代王である武寧王と、その王妃《おうひ》の墓とされる武寧王陵でさえも、円墳規模は直径一〇数メートルです。また、日本のように、円筒埴輪《えんとうはにわ》や葺石《ふきいし》の外部表飾はありません。

埴輪や葺石の有無だけでなく、日本の前方後円墳は形状そのものが世界的にも珍しく、英論文や国際学会でも「キーホール・シェイプト・テュミュラス（鍵穴形の塚）」と呼ばれています。また、大山《だいせん》古墳は秦《しん》の始皇帝陵、クフ王のピラミッドと合わせて「世界三大墳墓」に数えられるほど、世界的に大きな墳墓です。

朝鮮半島最大の古墳・皇南大塚

石室見学や葺石《ふきいし》観察で古墳を楽しむ

前方後円墳の周囲を歩き巨大さや形状を体感

前方後円墳など巨大な古墳は、上空から見なければ山や森に見えるため、その形状が楽しめないと感じるかもしれません。そのため、わざわざ近くまで古墳を見に行ってもしかたない、という人も多いのではないでしょうか。

しかし、その巨大古墳を築き上げた当時の人々も、決して空から位置を確認しながら古墳をつくったわけではありません。どうやってこれほど精密な形状をつくれたのか、どれだけの労力がかかったのか、実際に自分の足で古墳の周りを歩いてみてください。そして、巨大古墳の迫力を体感しながら、当時の人々に思いを馳《は》せるというのも、古墳の楽しみ方の一つです。

石室内部の見学用にライト入室のために軍手も必要

古墳とひとくちにいっても、埴輪《はにわ》が列をなす姿が圧巻な

● おすすめツールと服装

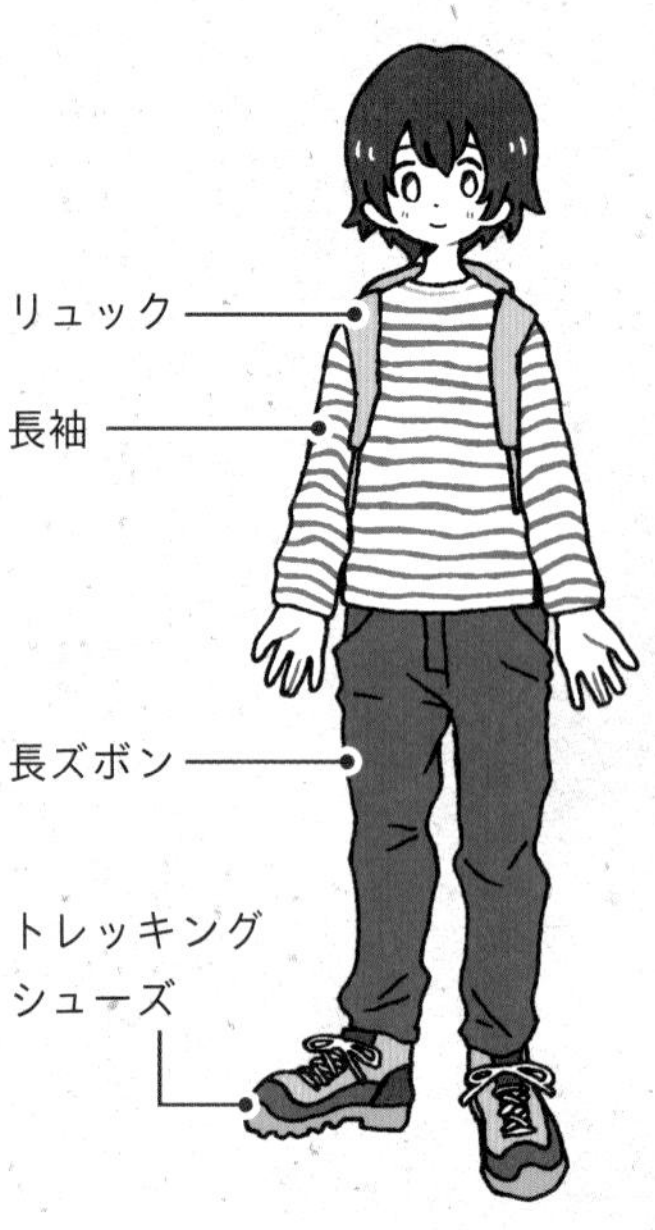

古墳もあれば、実際に石室を見学できたり、墳丘に登ったりできる古墳など、ものによってその楽しみ方は異なります。どのような古墳を見に行く場合にも共通する、そろえておくと便利なツールや服装について紹介します。

まず、両手があけられるようにリュックで行くとよいでしょう。次に必要となるのが、すべり止めのついた軍手です。石室内部を見学するために、地面を這《は》って進まなければならない古墳があります。汚れても問題ない服と一緒に準備しておきましょう。

古墳付近は草が茂り、虫が多い場所もあるので、虫よけスプレーを用意しておきましょう。また、虫刺されやケガを防ぐため、服装は長袖長ズボンが好ましいです。足元はトレッキングシューズを履くと動きやすいですが、墳丘を傷つけやすいため、履いて行く前に管理している自治体などに確認しておく必要があります。

石室を見学する際に、もって行くと便利なものとして、ライトが挙げられます。石室全体をよく観察できるように、ピンポイントで照らす懐中電灯ではなく、全体を照らせる撮影ライトがおすすめです。ただし、撮影用のライトの光で壁面を傷めてしまうこともあり、撮影禁止、フラッシュ禁止の石室もあります。こちらも事前に管理している自治体などに確認しておきましょう。

古墳見学は、基本的に野外での観察がメインになるため、日傘兼用の折り畳み傘があると便利です。場所によってはクモの巣を取りはらう際に使うこともできます。

竪穴《たてあな》石室に入れる全国的に希少な古墳

この本では全国各地の古墳を紹介しています。どの古墳も独自性があって興味深いものですが、見学するのにおすすめしたかったけれど二章に収まりきらなかった古墳を二か所紹介します。

まずは島根県雲南《うんなん》市にある神原《かんばら》神社古墳です。この古墳は三世紀後半頃につくられた島根県最古級の大型方墳です。石

神原神社古墳

室内部の観察ができる貴重な古墳です。

三世紀後半頃は古墳時代前期のため、竪穴石室が一般的です。神原神社古墳もその例に漏れないものですが、ここでは、石板の蓋が一部取り除かれて中を見ることができます。

石室は、ふぞろいな石材が積まれた板石積みの石壁が四方に築かれており、中心には、棺《ひつぎ》が納められていたことが一目でわかる光景が広がります。「景初《けいしょ》三年」（二三九）と記された三角縁神獣鏡《さんかくぶちしんじゅうきょう》が出土したことも注目されている古墳です。景初三年とは、卑弥呼《ひみこ》が魏王《ぎおう》から青銅鏡一〇〇枚を下賜《かし》された年であるため、そのなかの一枚である可能性が秘められています。

見学可能な石室だが入室困難な山代《やましろ》方墳

二つ目は、山代方墳（島根県松江市《まつえ》）です。こちらの古墳は、六世紀後半から七世紀前半頃につくられたとされる古墳で、横穴式石室内部を見学できます。

ところが、その入口は非常に狭く、内部に入りにくい構造となっています。この入口はかつて、盗人が盗掘する際に開けた穴とされ、内部に進むには地面に這いつくばるようにして入る必要があります。

石室内部には被葬者の遺体が置いてあったとされる屍床《ししょう》が残っています。古墳内部だけでなく、方墳の形状がはっきりとわかる形で現存している点も、この古墳の特徴です。

このほか列をなす埴輪が再現され、その光景が圧巻な五色塚《ごしきづか》古墳（兵庫県神戸《こうべ》市➡一二〇ページ）や、石室内部がライトで照らされ観察しやすくなっている西都《さいと》原《ばる》古墳群（宮崎県西都《さいと》市➡一五六ページ）など、見学し

山代方墳の横穴式石室の入口（島根県教育庁文化財課提供）

やすい古墳はいくつもあります。

古墳カードや御墳印《ごふんいん》など古墳めぐり推進の催しも

古墳に行った記念として残るのは、写真だけではありません。古墳によっては管理している博物館や歴史館、資料館などで撮影した古墳の写真を見せると、記念として古墳カードをもらえることもあります。

また、御墳印（御陵印《ごりょういん》）がもらえるところもあります。古墳を訪れる前に、どのような取り組みや催しが行われているのか、事前に調べておくとよいでしょう。

そのほか、古墳が多い土地や、有名な古墳がある土地では、古墳めぐりのモデルコースがつくられて案内所などで配布されていたり、ツアーが組まれたりしているところもあります。古墳を見学できるだけでなく、古墳をモチーフにした料理やデザート、古墳に関するグッズを販売するショップなどを散策すれば、さらに古墳めぐりが楽しくなるはずです。

葺石《ふきいし》に見る視覚的効果と石材の並びの意味

古墳を訪ねて、まず目につくの

上牧久渡《かんまきくど》古墳群の御墳印（左）と上牧町含む北葛城《きたかつらぎ》郡４町で作成している御墳印帖（上牧町提供）

市役所などで配布されている古墳カード（写真は百舌鳥《もず》・古市《ふるいち》古墳群のもず・ふるカード／百舌鳥・古市古墳群世界遺産保存活用会議提供）

は、やはり墳丘ではないでしょうか。その斜面を覆う葺石は、墳丘の崩落を防ぐとともに遠くからでもその存在を示すという効果があります。

　また墳丘上には、白い礫《れき》（砂よりも大きい岩石片）が敷き詰められた区画を設けていることがあります。これは、この区画内で儀礼が行われたため、意識的に白色が取り入れられたと考えられています。

　志段味《しだみ》古墳群（愛知県名古屋《なごや》市➡八五ページ）の白鳥塚《しらとりづか》古墳は、後円部頂部や斜面の葺石上に多くの石英《せきえい》を含む岩石を使用した円状の礫があります。この白い外観から「白鳥」という名がつけられたとされています。

　このように白を意識的に取り入れた古墳は、じつは数多くあります。とくに古墳時代中期以降は、埋葬施設内部にも白色の円礫が使

白鳥塚古墳の白い円礫

保渡田八幡塚《ほどたはちまんづか》古墳の葺石

われている古墳も現れ、特定の場所を白くするという意図的な考え方が広まりました。森将軍塚《もりしょうぐんづか》古墳（長野県千曲《ちくま》市➡七四ページ）では白い墳丘と合わせて、並べられた埴輪列が壮観です。

保渡田八幡塚古墳（群馬県高崎《たかさき》市➡五四ページ）の前方部前端付近の葺石に目を向けると、石材がまず縦方向に敷き詰められ、枠を形成し、その間に石材を充填《じゅうてん》しているのがわかります。これは区画石列と呼ばれる、枠を設けてから石を積み上げる葺石の仕上げ方です。こうすることで、作業単位が明確にわかります。

全国への先駆けとなる 五色塚古墳の復元工事

現在から約一七〇〇年前に築かれた古墳が現存しているのは、歴史的に貴重な文化財として、古くから多くの人々によって整備・保存が続けられてきたからです。現在でも文化財保護法に基づいて保存計画が立てられたり、移築・復元されたりして守られています。

五色塚古墳では、全国に先駆けて、古墳がつくられた当時の姿を再現する復元・整備工事が、昭和四〇～五〇年（一九六五～七五）にわたり行われました。

露出している葺石や墳丘などは、つねに石材の劣化や脱落、欠損などのリスクにさらされています。また、石室にも入室した見学者による破損被害などの危険があります。古墳に訪れた際には、墳丘や葺石、石室などを傷つけないよう、注意して見学するようにしましょう。

古墳復元工事中の様子（岡山県にある千足《せんぞく》古墳／現在は一般公開されている）

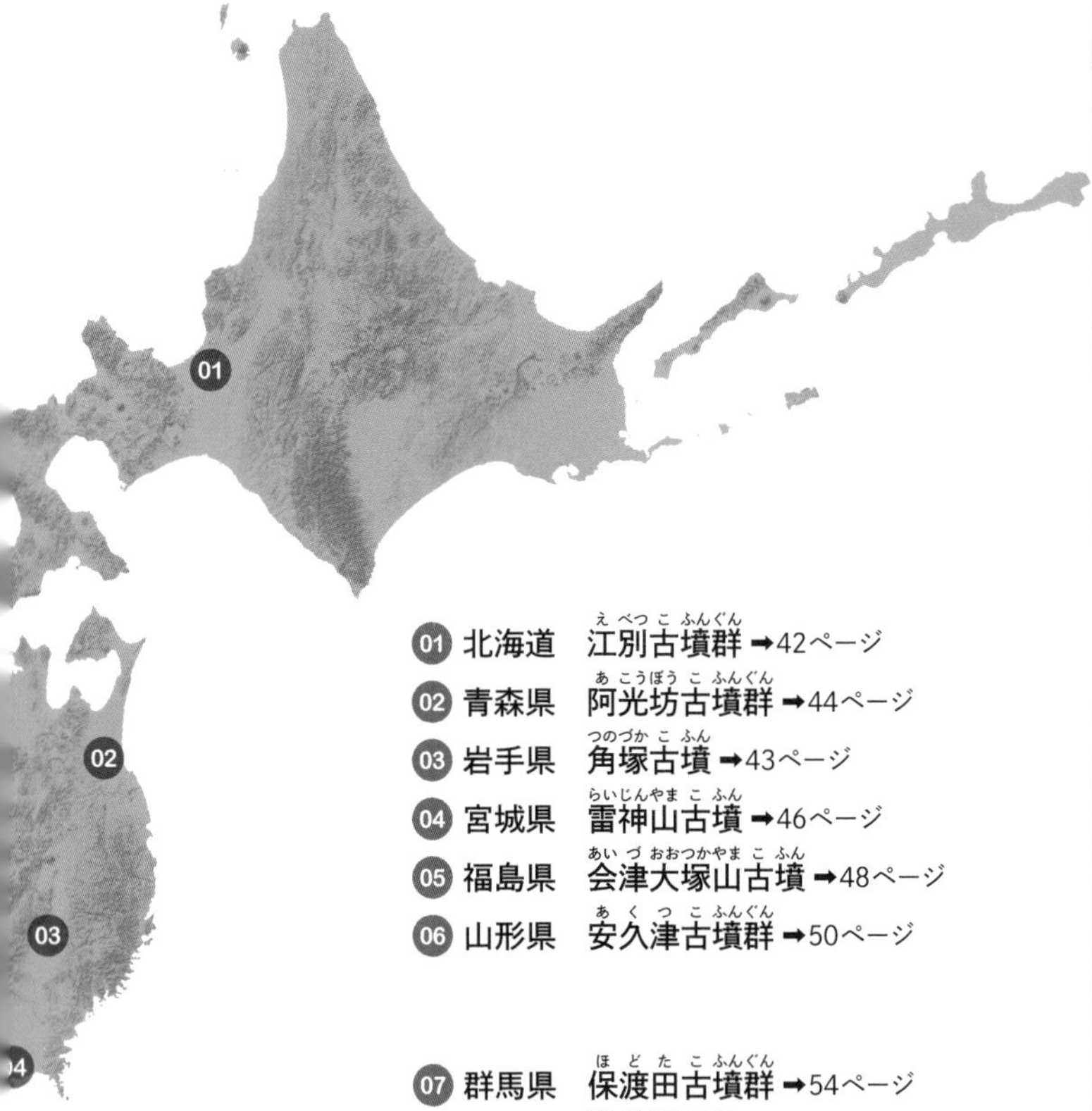

二章

一度は見に行きたい 全国の古墳

日本各地にある約一六万基の古墳の中から、古墳を語るうえで欠かせない、重要な古墳を厳選しました。どういう点に注目して古墳を見ればいいかについても紹介しています。

22 大阪府 古市《ふるいち》古墳群《こふんぐん》➡94ページ
百舌鳥《もず》古墳群《こふんぐん》➡96ページ

23 奈良県 大和《おおやまと》・柳本《やなぎもと》古墳群《こふんぐん》➡104ページ
高松塚《たかまつづか》古墳《こふん》・キトラ古墳《こふん》➡110ページ

24 京都府 久津川車塚《くつかわくるまづか》古墳《こふん》➡118ページ

25 兵庫県 五色塚《ごしきづか》古墳《こふん》➡120ページ

26 和歌山県 岩橋千塚《いわせせんづか》古墳群《こふんぐん》➡122ページ

27 広島県 三ツ城《みつじょう》古墳《こふん》➡124ページ

28 岡山県 こうもり塚《づか》古墳《こふん》➡128ページ

29 鳥取県 梶山《かじやま》古墳《こふん》➡131ページ

30 島根県 今市大念寺《いまいちだいねんじ》古墳《こふん》➡133ページ

31 山口県 柳井茶臼山《やないちゃうすやま》古墳《こふん》➡136ページ

32 香川県 石清尾山《いわせおやま》古墳群《こふんぐん》➡138ページ

33 徳島県 渋野丸山《しぶのまるやま》古墳《こふん》➡140ページ

34 愛媛県 葉佐池《はざいけ》古墳《こふん》➡141ページ

35 高知県 朝倉《あさくら》古墳《こふん》➡142ページ

36 福岡県 王塚《おうづか》古墳《こふん》➡146ページ

37 大分県 川部《かわべ》・高森《たかもり》古墳群《こふんぐん》➡151ページ

38 熊本県 チブサン古墳《こふん》➡154ページ

39 宮崎県 西都原《さいとばる》古墳群《こふんぐん》➡156ページ

40 佐賀県 船塚《ふなづか》古墳《こふん》➡158ページ

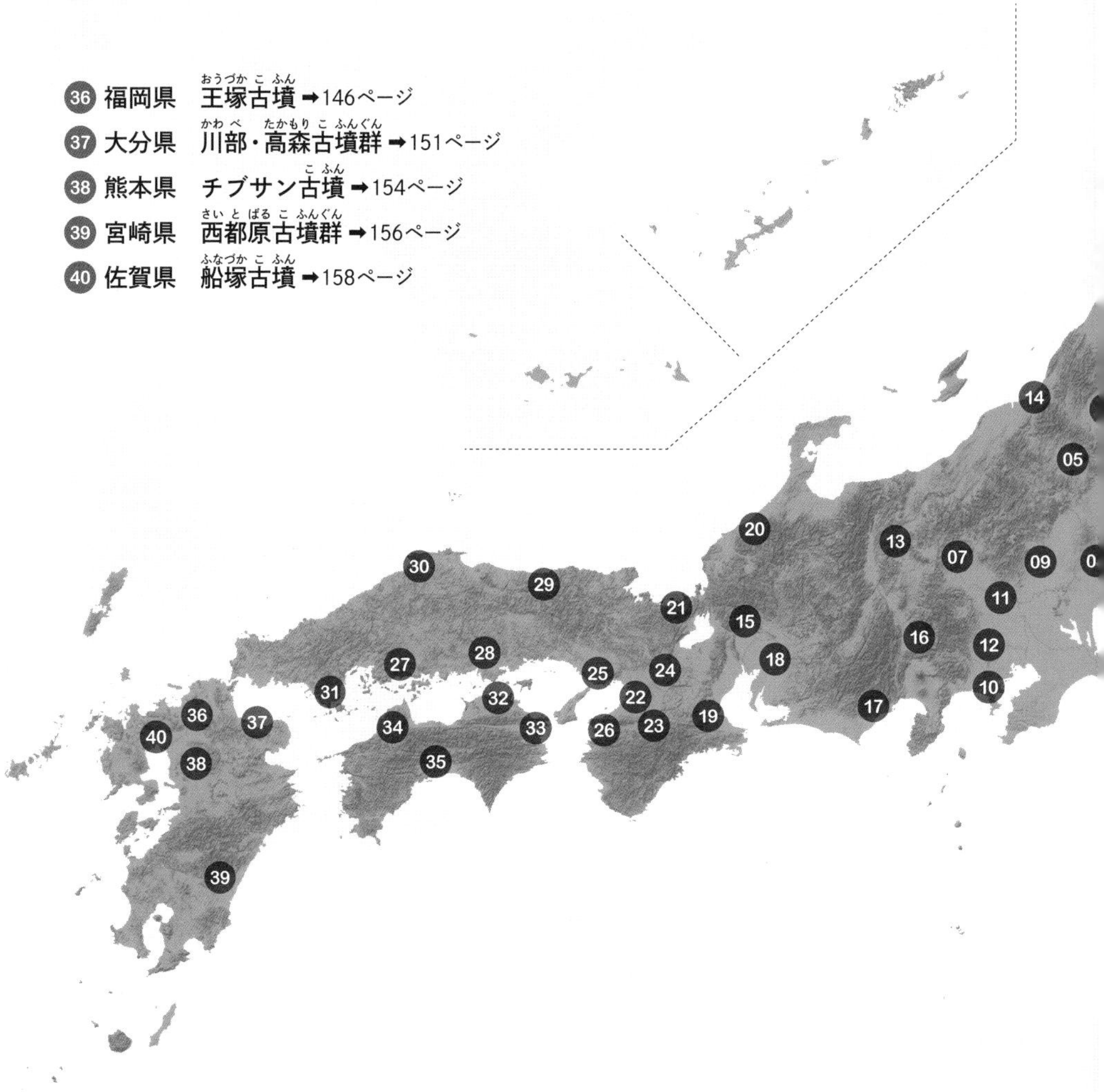

古墳の大きさと分布から見える時代背景に注目

古墳の大きさや分布、築造時期などで、その時代の政治秩序や出来事が見えてきます。まずは大きさだけで見てみると、どんな共通点が見えてくるでしょうか？　そういう観点にも注目して見てみてください。

前方後円墳大きさランキング

1位 大山《だいせん》古墳

大阪府堺市
約525メートル
➡百舌鳥《もず》古墳群・96ページ

2位 誉田御廟山《こんだごびょうやま》古墳

大阪府羽曳野市　約425メートル
➡古市《ふるいち》古墳群・94ページ

3位 上石津《かみいしづ》ミサンザイ古墳

大阪府堺市　約365メートル
➡百舌鳥《もず》古墳群・96ページ

4位 造山《つくりやま》古墳

岡山県岡山市　約350メートル
➡造山古墳・作山古墳・130ページ

5位 河内大塚山《かわちおおつかやま》古墳

大阪府羽曳野市・松原市
約335メートル

6位 **見瀬丸山《みせまるやま》古墳**（奈良県橿原市　約330メートル）

7位 **土師《はぜ》ニサンザイ古墳**（大阪府堺市　約300メートル）
➡百舌鳥《もず》古墳群・96ページ

7位 **渋谷向山《しぶたぶむかいやま》古墳**（奈良県天理市　約300メートル）
➡大和《おおやまと》・柳本《やなぎもと》古墳群・104ページ

9位 **仲津山《なかつやま》古墳**（大阪府藤井寺市　約290メートル）
➡古市古墳群・94ページ

10位 **作山《つくりやま》古墳**（岡山県総社市　約282メートル）
➡造山古墳・作山古墳・130ページ

※墳丘の大きさ＝墳丘の長さを示しています

方墳大きさランキング

1位 桝山《ますやま》古墳（倭彦命《やまとひこのみこと》陵）

奈良県橿原市　一辺約90メートル

三段築成の方墳で、5世紀前半に築かれたと考えられます。一見、前方後円墳に見えますが、これは幕末に行われた修陵により改変をうけた姿で、本来は方墳です。第10代崇神《すじん》天皇の皇子である倭彦命の墳墓とされています。

2位 龍角寺岩屋《りゅうかくじいわや》古墳（千葉県印旛郡　一辺約78メートル）

3位 越前塚《こしまえづか》古墳（大阪府南河内郡　東西約75メートル、南北約55メートル）

4位 室《むろ》ネコ塚《づか》古墳（奈良県御所市　一辺約70メートル）

5位 春日向山《かすがむかいやま》古墳（大阪府南河内郡　東西約65メートル、南北約60メートル）

円墳大きさランキング

1位 富雄丸山《とみおまるやま》古墳

奈良県奈良市　約109メートル

➡103ページ

2位 丸墓山《まるはかやま》古墳（埼玉県行田市　約105メートル）➡埼玉《さきたま》古墳群・68ページ

3位 小盛山《こもりやま》古墳（岡山県岡山市　約95メートル）

4位 甲山《かぶとやま》古墳（埼玉県熊谷市　約90メートル）

4位 茶《ちゃ》すり山《やま》古墳（兵庫県朝来市　約90メートル）

この本の使い方

①古墳・古墳群の文化財情報
それぞれのアイコンの意味は次のとおり

世界遺産
世界文化遺産の構成要素になっている

日本遺産
日本遺産の構成要素になっている

特別史跡
国の特別史跡になっている

国史跡
国指定史跡になっている

県史跡・都史跡・市史跡
各自治体指定の史跡になっている

②古墳・古墳群の名前

③古墳・古墳群から出土した遺物の文化財情報
それぞれのアイコンの意味は次のとおり

国宝
国宝指定されている出土遺物がある

重文
国の重要文化財に指定されている出土遺物がある

文化財
国や各自治体指定の文化財に指定されている出土遺物がある

④石室内が見学できたり、博物館・資料館などで出土品を見たり、目で見て古墳の知識を深められるものを示す。ただし、常時見学、展示されていない場合もある

⑤その古墳のデータ

墳形……古墳の形を示す。古墳群の場合は複数になる場合も

時代……古墳の築造時期を示す

大きさ……古墳の大きさを示す。古墳群の場合は、その中で最大の古墳の大きさのみを示している

所在地……古墳の所在地情報

※時代・大きさ・所在地は、基本的には、古墳・古墳群がある各自治体の情報に則っている

⑥その古墳に関係のあるキーワードについて解説したコラム

北海道・東北 エリア

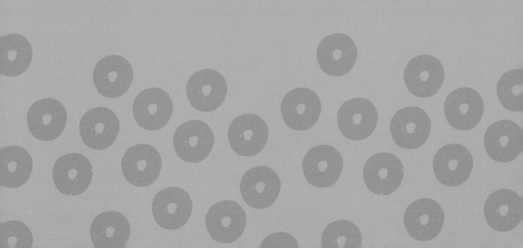

国史跡

江別古墳群《えべつこふんぐん》

北海道で唯一現存

日本各地で築造された古墳の中で最北端となるのが、北海道内で唯一現存する江別古墳群です。直径三〜一〇メートルの円墳が群集しており、本州の東北地方北部の末期古墳（➡四五ページ）と同じ系統に位置づけられています。

着目すべきは、馬上で戦うための小刀である蕨《わらび》手《て》刀《とう》などの鉄製武器、須《す》恵《え》器《き》などの古墳文化にちなんだ副葬品です。本州の奈良《なら》〜鎌倉《かまくら》時代にあたる擦文《さつもん》時代の北海道や東北地方北部は、蝦夷《えみし》と呼ばれる人々が住む地域でした。おそらく、すでに律令《りつりょう》国家の支配下にあった東北地方南部をとおしての交易でこれらの文物を手に入れていたと考えられています。

DATA

【時　代】八世紀後半〜九世紀中頃
【大きさ】直径最大約一〇m
【所在地】北海道江別市元江別八五八－四

国史跡

角塚古墳《つのづかこふん》

日本最北端の前方後円墳

DATA

【時　代】五世紀後半
【大きさ】墳丘長約四三m
【所在地】岩手県奥州市胆沢南都田字塚田

岩手県で唯一の前方後円墳です。北《きた》上《かみ》盆地につくられ、日本最北に位置します。「角塚《つのづか》」という名前について、高山掃部《たかやまかもん》長者《ちょうじゃ》の妻の物語が伝承されています。それによると、この一帯を支配していた高山掃部長者の妻は強欲のあまり大蛇に変身し、農民を苦しめていましたが、肥前《ひぜん》（現在の佐賀県）より生贄《いけにえ》として連れてこられた小夜姫《さよひめ》が経典の力で大蛇を退治し、その角をこの地に埋めたことから角塚と名づけられたということです。

斜面は葺石《ふきいし》で覆われ、円筒埴輪《えんとうはにわ》列があったことがわかっています。被葬者が在地者なのか別の地から来た者なのかは不明ですが、この一帯を支配した有力者とみられます。

国史跡

阿光坊古墳群《あこうぼうこふんぐん》

蝦夷《えみし》たちの実態を物語る末期《まっき》古墳

見て知る

(おいらせ阿光坊古墳館提供)

DATA

【時　代】七世紀前半〜九世紀末
【大きさ】墳丘直径約一〇m
【所在地】青森県上北郡おいらせ町阿光坊

東北地方南部とのつながりが垣間見《かいまみ》える副葬品

阿光坊古墳群は、青森県南東部の太平洋岸付近にある大規模な古墳群です。七世紀前半から九世紀末までおよそ三〇〇年にわたり築造され、今日でも六〇基以上の古墳が観察できます。

古墳は円形の周濠《しゅうごう》を含めて直径約一〇メートル前後、状態がよいものでその高さは約一・一メートル程度と低いので、地ぶくれが続いているようです。古墳の中央には、木棺《もっかん》を直葬《じきそう》した墓坑《ぼこう》があります。副葬品も豊かで保存状態がよく、勾玉《まがたま》や耳環《じかん》などの装身具、蕨手刀《わらびてとう》や馬具、土師器《はじき》や須恵器《すえき》、農工具などが出土します。その多くが東

北地方南部の地域から入手したと考えられており、頻繁な交易があったことが考えられます。阿光坊古墳群から発掘された出土品は、「おいらせ阿光坊古墳館」で展示されています。

古代律令制《りつりょうせい》下に組み込まれていない人々の古墳

東北地方北部から北海道石狩《いしかり》平野にわたる地域で築造されたこの種の古墳群は、「末期古墳」と称され、古代律令制下に組み込まれていない「蝦夷」の墓と考えられています。

阿光坊古墳群は規模が非常に大きく、保存状態も良好だったことから、末期古墳の代表例と考えられています。蝦夷たちの暮らしや東北地方北部の社会状況を知るうえでも重要な古墳です。

古墳の中央にある木棺直葬と推定される墓坑の跡（おいらせ阿光坊古墳館提供）

縄文時代からこの末期古墳の時代まで、古代人に愛された勾玉が出土した（おいらせ阿光坊古墳館提供）

COLUMN

末期古墳

「末期古墳」とは、近畿地方で古墳が築造されなくなっていく七世紀～一〇世紀にかけて、東北地方と北海道の石狩川流域につくられた古墳のこと。形は直径約五～一〇メートルほどの円墳で、少しの盛土を施した低墳墓です。周濠を伴うこれらが複数集まって古墳群になっていることも、末期古墳の特徴です。

盛土の中央には遺体を埋葬する墓坑があり、首飾りや刀などの副葬品が見つかっています。「蝦夷系墳墓《えぞけいふんぼ》」という名称も提案されており、蝦夷と呼ばれた人々によってつくられたものと推定されています。

「末期古墳」と似た言葉で「終末期古墳」という区分もありますが、この二つは異なるものです。終末期古墳は、前方後円墳が終息した後の七世紀代の古墳を指します。

（名取市観光物産協会提供）

国史跡

雷神山古墳《らいじんやまこふん》

東北最大級の古墳

文化財

宮城県内では、四世紀頃から古墳がつくられるようになりました。雷神山古墳は、仙台《せんだい》平野・名取《なとり》平野を一望できる東北最大の前方後円墳です。後円の墳頂に雷神をまつる小さな祠《ほこら》があり、名称の由来になっています。近くには雷神山古墳より古い、古墳時代前期の首長墓群である飯野坂《いいのざか》古墳群があり、この一帯は古くから中央と結びついた地域だったと考えられています。

形状や立地、壺形埴輪《つぼがたはにわ》、底部穿孔壺《ていぶせんこうつぼ》形《がた》土器（有形文化財）が出土していることから、この古墳が造営されたのは、四世紀末から五世紀初頭の古墳時代前期だと想定されます。なお雷神山古墳は、北側にある小塚《こづか》古墳とともに史跡公園として整備されています。

DATA

【時　代】四世紀末～五世紀初頭

【大きさ】墳丘長約一六八m

【所在地】宮城県名取市植松字山

国史跡

中田横穴墓《なかたよこあなぼ》

三角文の装飾が残る墓室

重文

見て知る

三角文の一辺は約40センチで、赤色はベンガラ（酸化第二鉄）、白色は白粘土を原料にしており、三段にわたって施されている（いわき市教育委員会提供）

中田横穴墓群は、岩壁をくり抜いてつくられた五基の横穴が三段にわたって並列した横穴墓群《よこあなぼぐん》で、台地や丘陵の斜面に洞窟（横穴）を掘って、その中に遺体を埋葬した墓が群集してつくられたものです。

最下段に位置する一番大きな「一号横穴」の内部は前室と後室に分かれています。この後室の壁面や床に三角文の装飾があったことから、全国的に有名になった装飾横穴墓《そうしょくよこあなぼ》です。

大量の副葬品が残っていたことでも有名で、金銅製《こんどうせい》の馬鈴《ばれい》は日本最大です。玉《たま》類や金環《きんかん》などの装身具《そうしんぐ》や鏡、武器、馬具もあったことから、六世紀後半につくられ、被葬者はこの地域の有力首長であったと考えられています。

DATA

【時　代】六世紀後半

【大きさ】―

【所在地】福島県いわき市平沼ノ内中田地内

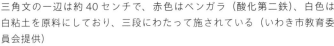

国史跡

会《あい》津《づ》大《おお》塚《つか》山《やま》古《こ》墳《ふん》

東北支配の認識を覆した古墳

重文

見て知る

（会津若松市教育委員会提供）

（会津若松市教育委員会提供）

大塚山の尾根を利用してつくられている

四世紀頃からヤマト政権の支配が及んでいた

白虎隊自刃《びゃっこたいじじん》の地である福島県飯盛《いいもり》山《やま》の周辺には、大型の前方後円墳が集中して築造されており、会津盆地が統治者にとって重要な地域であったことがうかがえます。会津大塚山古墳は、そのなかでも飯盛山の丘陵にあり、全長約一一四メートルの前方後円墳です。福島県では、亀ケ森《かめがもり》古墳（墳丘長約一二七メートル　河沼郡会津坂下町《かわぬまぐんあいづばんげまち》）に次いで二番目の大きさです。

昭和三九年（一九六四）の発掘調査によって後円部に二つの木棺《もっかん》があったことが確認され、未盗掘の状態で多くの遺物が出土しました。古墳時代前期

DATA

【時代】四世紀中頃
【大きさ】墳丘長約一一四m
【所在地】福島県会津若松市一箕町大字八幡北滝沢

の出土品の特徴を示す三角縁神獣鏡《さんかくぶちしんじゅうきょう》や、鉄製の農具、環頭大刀《かんとうたち》（円形の環がついている刀）が見つかったことから、築造時期は四世紀中頃、被葬者はヤマト政権と深い関わりをもつ人物だと考えられます。

この調査によって四世紀頃からヤマト政権の支配が東北に及び、前方後円墳が築造されるようになっていたことが証明されました。出土した副葬品の一部は福島県立博物館に展示されています。

父と息子が会津で行き会う「四道《しどう》将軍伝説」

『古事記《こじき》』『日本書紀《にほんしょき》』には、ヤマト政権と会津の地のつながりを示す「四道将軍伝説」という物語があります。

「第一〇代崇神《すじん》天皇が北陸・東海・丹《たん》波《ば》・西《にし》の道《みち》（山陽道）の四方面へそれぞれ皇族将軍を派遣した。大彦命《おおびこのみこと》は北陸道、その息子の武渟川別命《たけぬなかわわけのみこと》は東海道へ派遣され、それぞれ東と西に分かれて各地を平定した後に、父と息子は再び出会うことができた。そこでこの地は［相津《あいづ》］と名づけられた」というものです。四道将軍伝説はあくまで物語と考えられてきましたが、会津大塚山古墳とヤマト政権の関係を考えるにあたり、無視できない可能性も出てきました。

東北地方唯一、最北の史料とされる三角縁神獣鏡。縁の断面が三角形で、内部に「三神」と「二獣」を表現している（福島県立博物館蔵）

COLUMN

鉄製武器

古墳の副葬品にはルールがあったようで、築造時代を判別するための指標にもなります。古墳時代前期では、銅鏡《どうきょう》や石製の腕輪、玉《たま》類などの祭《さい》祀用呪具《しようじゅぐ》が多いのに対し、古墳時代中期になると、鉄製の刀や甲冑《かっちゅう》などの武具が多く出土します。これは被葬者が司祭的な存在だった前期に対し、中期になると武人的な役割が強くなったことを表しています。

日本列島で製鉄が始まったのは六世紀後半です。それ以前は朝鮮半島南部から鉄素材を「輸入」していました。

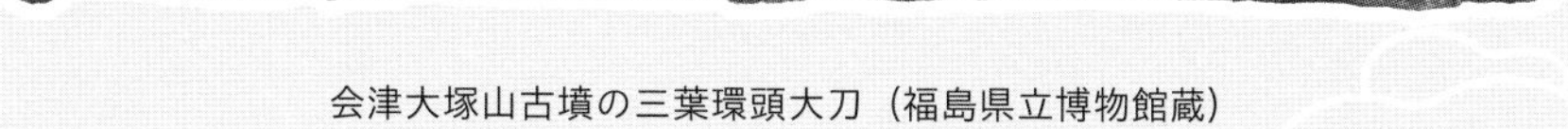

会津大塚山古墳の三葉環頭大刀（福島県立博物館蔵）

県史跡

安久津古墳群《あくつこふんぐん》

律令《りつりょう》時代の終末期古墳群

文化財

見て知る

安久津２号墳

山形県米沢《よねざわ》盆地の東端の山腹にある複数の古墳群を総称し、安久津古墳群と呼びます。山形県の古墳時代終末期を代表する古墳群です。これらの古墳は、おもに横穴式石室をもつ一〇～二〇メートル程度の円墳からなり、瓜割《うりわり》石庭《せきてい》公園（石切場《いしきりば》）から産出した凝灰《ぎょうかい》岩《がん》の巨石を用いて石室がつくられています。石室の中からは、大量の人骨、玉《ぎょく》や耳環《じかん》などの装飾品、鉄鏃《てつぞく》や刀装《とうそう》具《ぐ》、土師器《はじき》や須恵器《すえき》が多く出土しました。これらの出土品から、この古墳の築造は七世紀末頃～八世紀頃の律令制が始まっている時期だとわかります。

現在、安久津古墳群の周辺は「まほろば古《いにしえ》の里歴史公園」として整備され、横穴式石室内の見学もできます。

DATA

【時　代】 七世紀末頃～八世紀

【大きさ】 墳丘直径最大約二〇ｍ

【所在地】 山形県東置賜郡高畠町大字高畠、安久津

関東エリア

（太田市教育委員会提供）

国史跡

太田天神山古墳《おおたてんじんやまこふん》

東日本最大の前方後円墳

古墳麓の鳥居

東武伊勢崎線太田《とうぶいせさきせんおおた》駅から東へ約一・二キロメートルほどのところにある前方後円墳で、男体山《なんたいさん》古墳とも呼ばれます。墳丘《ふんきゅう》は三段築成で、墳丘の表面は川原石で葺石《ふきいし》され、周囲には二重に周濠《しゅうごう》がめぐらされています。周濠を含めた全長は、南北三五三メートル、東西二八八メートルに及ぶ東日本最大の巨大前方後円墳です。

盗掘《とうくつ》により「王の棺《ひつぎ》」といわれる長持形石棺《ながもちがたせっかん》（➡一一七ページ）が露出しており、被葬者は上毛野《かみつけの》（現在の群馬県）の大首長だと考えられています。また、この古墳の東には、同時期に建造された女体山《にょたいさん》古墳（帆立貝形古墳）が残り、両被葬者は密接な間柄であったと考えられています。

DATA

【時代】五世紀前半
【大きさ】墳丘長約二一〇m
【所在地】群馬県太田市内ケ島町一六〇六ー一

国史跡

総社古墳群《そうじゃこふんぐん》

優美な文化を伝える六基の古墳

見て知る

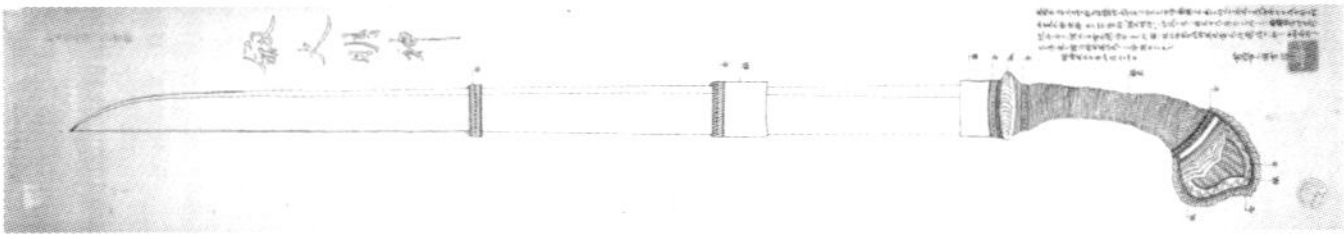

総社二子山古墳出土刀剣実測図（前橋市立図書館所蔵）

DATA

【時代】五世紀後半～七世紀後半
【大きさ】墳丘長最大約九〇m
【所在地】群馬県前橋市総社町

総社古墳群は、六つの古墳の総称で、東国を代表する古墳群の一つです。前《まえ》橋《ばし》市を流れる利根川《とねがわ》の西岸、南北約四キロメートルの範囲に広がっています。いずれも、葺石《ふきいし》や石材加工の築造技術に優れ、華麗な大刀《たち》や円筒埴輪《えんとうはにわ》で知られています。古墳群を構成する六基のうち、遠見山《とおみやま》古墳、王山《おうやま》古墳、総社二《ふた》子山《ごやま》古墳の三基は前方後円墳です。愛宕山《あたごやま》古墳、宝塔山《ほうとうざん》古墳、蛇穴山《じゃけつざん》古墳の三基は方墳となっています。

前方後円墳では二子山古墳が最大で、前方部と後円部に一つずつ横穴式石室があります。方墳では宝塔山古墳が最大で、仏教文化の格狭間《こうざま》（基壇に彫られた装飾）を刻んだくりぬき式家形石棺《しきいえがたせっかん》（➡一三五ページ）が見つかりました。

国史跡

保《ほ》渡《ど》田《た》古《こ》墳《ふん》群《ぐん》

現代に復活した迫力の大前方後円墳

見て知る

DATA

【時代】五世紀後半

【大きさ】墳丘長最大約一〇八m

【所在地】群馬県高崎市保渡田町、井手町

葺石や埴輪《はにわ》が目を引く復元された墳丘

高崎《たかさき》市保渡田《ほどた》・井出《いで》地区に残る古墳群は、二子山《ふたごやま》古墳、八幡塚《はちまんづか》古墳、薬師《やくし》塚《づか》古墳の三つで構成されています。いずれも一〇〇メートル級の大型の前方後円墳です。

八幡塚古墳は、平成八年（一九九六）度から四年をかけて本格的に保存復元工事が行われ、古墳の完成当時の外表に近い姿を見せています。

墳丘部は高さ約六メートルの三段築成となっており、斜面には盛土が消失するのを防ぐ目的で約四〇万個、重さにして約六〇〇トンの葺石《ふきいし》が敷き詰められています。墳丘をぐるりと馬蹄《ばてい》形の周濠《しゅうごう》が二重にめぐらされ、内側には祭祀《さいし》が行われていた可能性もある四基の円形の中島があります。

墳丘や中島を多くの埴輪が囲む

中堤上には人物や馬、鶏《にわとり》、猪《いのしし》、水鳥などをかたどった形象埴輪が配置されています。墳丘や中島の裾部分、そして中堤縁部にもぐるりと多数の円筒埴輪がめぐらされた様子が再現されています。中島をもつことや、中堤の埴輪群の存在などは、保渡田古墳群に共通してみられる特徴です。

後円部墳頂には竪穴《たてあな》石室があり、そこには舟形石棺《ふながたせっかん》（⬇一一七ページ）と木棺が収められていました。現在は八幡塚古墳の後円部内に石棺の展示室があります。被葬者は、毛野国《けぬのくに》（現在の群馬県・栃木県）を中心とした地域の豪族である上毛野《かみつけの》氏の先祖か、その同族だったと考えられています。

八幡塚古墳の舟形石棺の展示施設

COLUMN

形象埴輪

埴輪は、土管状の円筒埴輪と、人物や動物、器財、家屋などをかたどった形象埴輪に大きく分けられます。さらに形象埴輪は、かたどっているものによって、家形埴輪、人物埴輪、動物埴輪、器財埴輪と分ける場合もあります。四世紀頃に家形埴輪が登場し、五世紀頃までにほかの形も見られるようになりました。埴輪は古墳時代の祭祀において、非常に重要な存在だったと考えられています。

古墳から出土するこれらの埴輪は、被葬者の生前の生活、風俗、祭礼について知るうえで貴重な資料となっています。

八幡塚古墳から出土した埴輪でいえば、全国的にも珍しい首に飾りひもと鈴がつけられた鵜《う》の埴輪が発見され、当時の祭礼や行事で鵜飼《うかい》が行われていた可能性が注目されています。

国史跡

綿貫《わたぬき》観音《かんのん》山《やま》古墳《こふん》

渡海してきた財宝を護《まも》り続けた墳墓

国宝

見て知る

DATA

【時　代】六世紀後半
【大きさ】墳丘長九七m
【所在地】群馬県高崎市綿貫町一七五二

未盗掘の状態で見つかった後期前方後円墳の代表例

高崎《たかさき》市内南東部の井野川《いのがわ》近く、綿貫の地に築かれた観音山古墳は、墳丘長九七メートルにも及ぶ二段築成の大型の前方後円墳です。前方部と後円部の高さがほぼ同じことから、後期前方後円墳の代表例といわれます。

珍しい埴輪《はにわ》や須恵器《すえき》、土師器《はじき》、そして豪華な副葬品が出土した古墳としても知られています。天井と壁の巨石が崩落していたため、昭和四二年（一九六七）の発掘調査まで、石室が未盗掘の状態にあったことが、こうした貴重な出土品の発見につながったと考えられています。

三人童女や銅水瓶など国宝指定の出土品

また、石室近くから、儀式や祭礼を表すような正装の人々や、武人、装飾された馬などの形象埴輪が発見されています。なかでも、「三人童女《さんにんどうじょ》」と呼ばれる埴輪は、一つの台座に三人が乗る、日本で唯一の貴重な例です。三人の巫女《みこ》が手に張った弦を弾き、邪気を払う儀礼が表現されていると考えられます。

副葬品は刀剣、調度品、装身具、鉄冑《てつかぶと》、馬具類など多岐にわたる品々が発見されました。一例として、中国から伝来したとされる「銅水瓶《どうすいびょう》」、朝鮮半島で出土した鏡と同じ型からつくられた「獣帯鏡《じゅうたいきょう》」などがあります。これらは大陸との交流をものがたる貴重な品々で、「綿貫観音山古墳出土品」として、銅水瓶、獣帯鏡、三人童女を含む、三三四六点が国宝に指定されています。

三人童女（上）銅水瓶（左）と獣帯鏡(右、すべて群馬県立博物館蔵)

COLUMN

装飾馬具

馬は五世紀頃に朝鮮半島から日本にもたらされました。以来、移動・輸送手段、農耕・土木の動力源を担う貴重な存在となり、富と権力の象徴ともなりました。

馬の伝来と同時に、馬につける馬具も伝わったと考えられます。鞍《くら》などの実用的なものはもちろんですが、飾り立てる目的と思われる装飾馬具も多く、古代の権力者にとって馬が単なる労働力ではなかったということを感じさせます。

こうした馬具は日本でも盛んにつくられるようになり、古墳の副葬品としてもしばしば見られます。現在の群馬地方は日本の馬の主要産地でした。風土が馬に適した地だったのもその理由です。観音山古墳からは、「金銅歩揺《こんどうほよう》付雲珠《つきうず》」、「金銅心葉形杏葉《こんどうしんようけいぎょうよう》」などの装飾馬具が出土しています。

国史跡

大室《おおむろ》古墳群《こふんぐん》

食物供献《しょくもつきょうけん》のあった横穴式石室

見て知る

前二子古墳

前二子古墳の横穴式石室

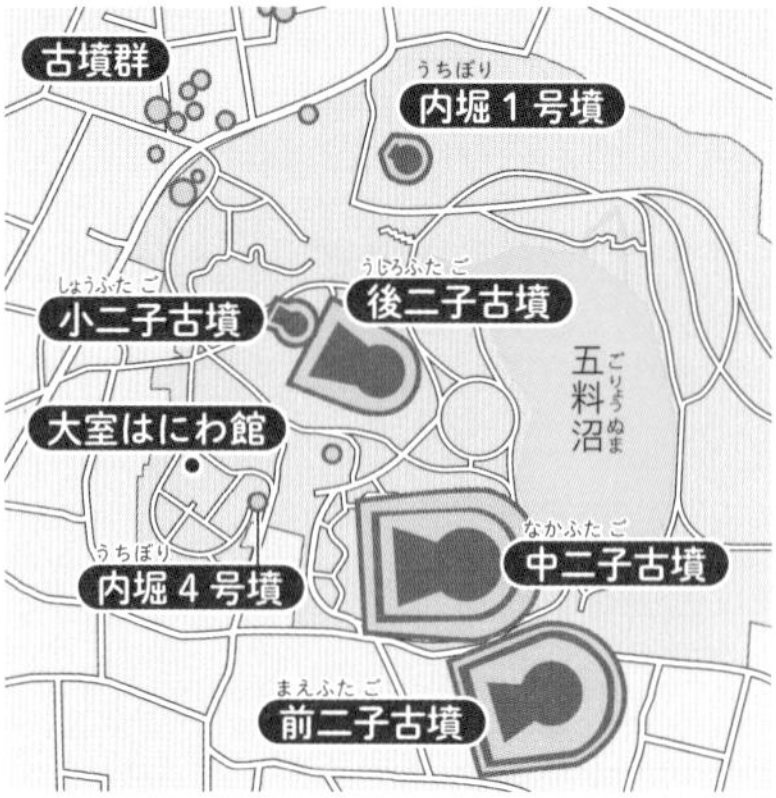

群馬県内でも遺跡の多い赤城南麓《あかぎなんろく》の中央、城南地区にある古墳群です。なかでも有名なのが前二子《まえふたご》古墳、中二子《なかふたご》古墳、後二子《うしろふたご》古墳、小二子山《しょうふたごやま》古墳の四基です。これらはいずれも大型の前方後円墳となっています。

前二子古墳の横穴式石室は、全長約一四メートルに及ぶ細長いもので、玄室には凝灰岩《ぎょうかいがん》の切石が敷かれ、赤く塗られていました。後二子古墳の横穴式石室の前庭部からは、土師器《はじき》や須恵器《すえき》の杯や高杯《たかつき》が、焼土跡とともに見つかりました。煮《に》炊《た》きを伴う供献（死者の霊に供える）儀礼が行われていたようです。これらの古墳が位置する大室公園の北には、当時の人を葬った「周溝墓《しゅうこうぼ》」も多数発見されました。

DATA

【時代】六世紀初頭～六世紀後半
【大きさ】墳丘長最大約一一一m
【所在地】群馬県前橋市大室町、西大室町

十五郎穴横穴墓群

虎塚古墳石室壁画。ベンガラと呼ばれる赤の顔料で描かれた

国史跡　県史跡

東日本の代表的な装飾古墳と横穴墓群

虎塚古墳・十五郎穴横穴墓群《とらづかこふん・じゅうごろうあなよこあなぼぐん》

文化財

見て知る

DATA

【時　代】七世紀初頭〜八世紀中頃
【大きさ】墳丘長五六・五m
【所在地】茨城県ひたちなか市中根

虎塚古墳は七世紀初めにつくられた最終段階の前方後円墳です。十五郎穴横穴墓群は崖にくりぬかれた三〇〇基を超える横穴墓の集まりで、古墳時代末から奈良《なら》時代にもつくられました。

虎塚古墳の後円部にある横穴式石室からは、彩色壁画が発見されています。保存状態は非常によく、幾何学文や武具、馬具などが、色鮮やかに残っています。また、調査時に成人男性の遺骸《いがい》や副葬品も見つかりました。

十五郎穴横穴墓群は、本郷川《ほんごうがわ》に面する壁面に上下二段にくりぬかれた横穴で、発掘調査では須恵器《すえき》や勾玉《まがたま》、切子《きりこ》玉《だま》、人骨などが発見されています。なお、鎌倉《かまくら》時代の曾我《そが》兄弟の伝説からこの名称になりました。

国
史跡

磯浜古墳群《いそはまこふんぐん》

東国古墳の発展過程を体現

見て知る

DATA

【時代】三世紀中頃〜五世紀初め頃

【大きさ】墳丘長最大約一〇一・四m

【所在地】茨城県東茨城郡大洗町磯浜町字日下ヶ塚

水上交通の要衝を示す「海浜型前方後円墳」

磯浜古墳群は、東茨城郡大洗町《おおあらいまち》の那《な》珂《か》川と涸《ひ》沼《ぬま》川の河口付近に残る六基の古墳の総称です。そのなかで最も古いのが姫塚《ひめづか》古墳で、三世紀中頃の墳丘《ふんきゅう》長約二九メートルの前方後方墳です。次いで成立したと考えられるのが五本松《ごほんまつ》古墳と五本松下《ごほんまつした》古墳ですが、発見時にはすでに墳丘が失われていて墳形は不明です。その後、墳丘長約六三メートルの前方後円墳・坊主山《ぼちゃのやま》古墳、墳丘長約一〇一・四メートルの前方後円墳・日下ヶ塚《ひさげづか》（常陸鏡塚《ひたちかがみづか》）古墳が成立します。

古墳時代の交通は、近距離だと河川を利用しましたが、遠距離では海運を

日下ヶ塚古墳で出土した
滑石製模造品

日下ヶ塚古墳

盛んに利用していました。那珂《なか》川《がわ》と涸《ひ》沼《ぬま》川《がわ》の合流点と河口が近くにある鹿島《かしま》台地の北端に位置し、鹿島灘が一望できる日下ヶ塚古墳は、水上交通の要衝であることを示すために造営された「海浜型前方後円墳」です。片側だけに前方後円形の周濠《しゅうごう》がめぐり、円筒《えんとう》埴輪《はにわ》が並びます。後円部の粘土槨《ねんどかく》からは、銅鏡や勾玉《まがたま》、木製の櫛《くし》など四〇〇〇点以上の副葬品が出土し、とくに滑《かっ》石製《せきせい》模造品（刀子《とうす》、石釧《いしくしろ》、鎌など）は精巧なつくりで、奈良県の富雄丸山《とみおまるやま》古墳（⬇一〇三ページ）のものと並ぶ古墳時代初期の例として有名です。

国内屈指の大型円墳「車塚《くるまづか》古墳」

磯浜古墳群のなかで最後につくられたと考えられているのが、五世紀初め頃築造の車塚古墳です。三段築成の国内最大級の円墳で、直径は約八八メートルに及び、周濠を含めると、古墳の全長は約一二〇メートルに達します。斜面には葺石《ふきいし》が敷き詰められ、テラスには朝顔形円筒埴輪が並べられています。被葬者は不明ですが、漁労や水運を統括した首長の墓だったとも考えられています。

車塚古墳の造営以降、この地での首長墓系譜は途切れます。しかし、時代を経て成立した磯浜古墳群を形成する六基は、関東における古墳の展開や発展、当時の交易の様子を知るうえで重要な存在です。

車塚古墳

県史跡

梵天山古墳《ぼんてんやまこふん》

関東に古墳が根づく過程を感じる

(国土地理院提供)

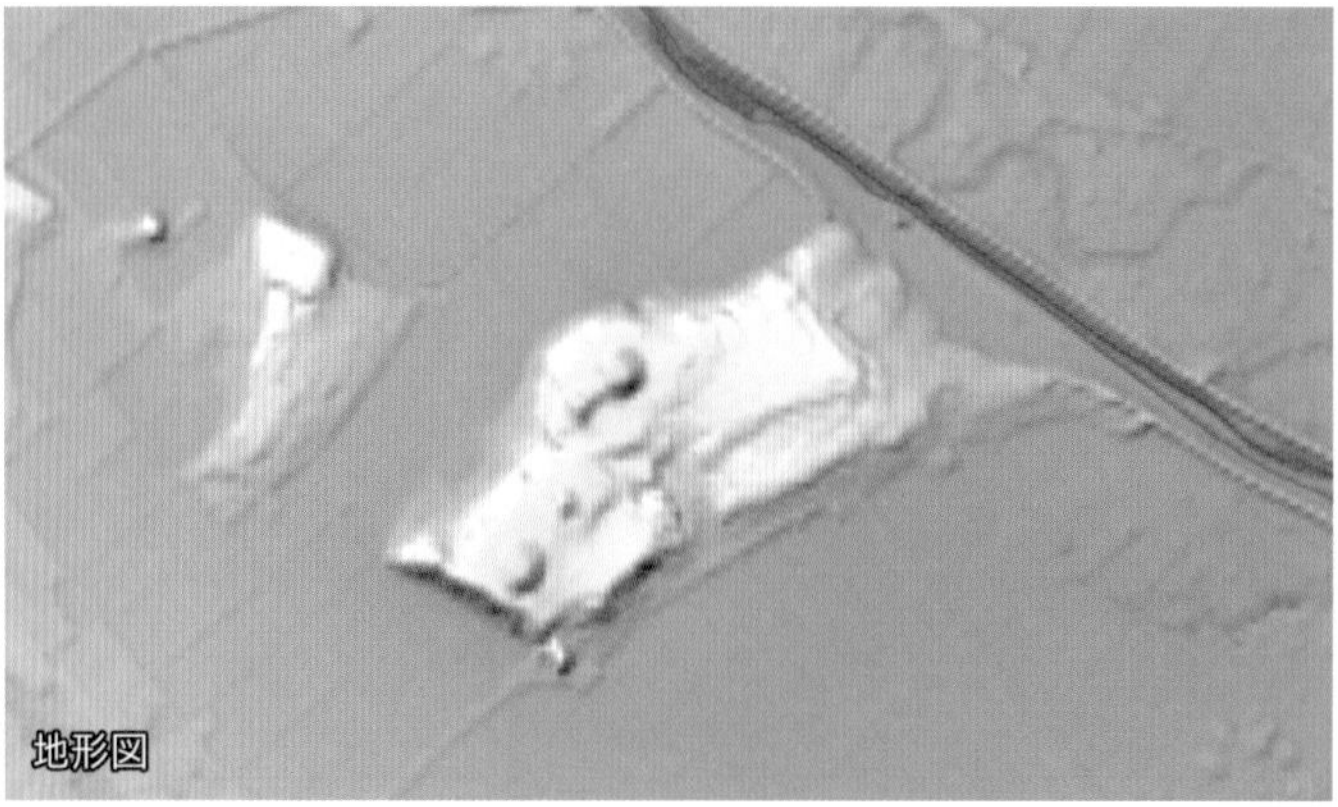
地形図

常陸太田《ひたちおおた》市島《しま》町の標高三〇メートル前後の丘陵一帯に分布する前方後円墳と円墳、百穴《ひゃっけつ》と呼ばれる横穴墓群《よこあなぼぐん》からなる、梵天山古墳群の中心的古墳です。墳丘長約一六〇メートルの前方後円墳で、かつて久慈川《くじがわ》流域を支配していた首長の墳墓です。

墳丘に段築《だんちく》は見られず、周濠《しゅうごう》もありません。埴輪《はにわ》や葺石《ふきいし》などの墳丘の装飾も一切ありません。それに加え、後円部と比較して前方部がバチ形を呈することから、築造時期は古墳時代の初期だと考えられています。

弥生《やよい》時代後期の茨城県北部には、墳墓をつくる慣習が根づいていなかったので中央から墳墓造営の技術者たちが招聘《しょうへい》されたとみられます。

DATA

【時　代】三世紀後半
【大きさ】墳丘長約一六〇m
【所在地】茨城県常陸太田市島町二三一七

国史跡

徳川光圀《とくがわみつくに》が伝えた墳墓

上侍塚古墳《かみさむらいづかこふん》・下侍塚古墳《しもさむらいづかこふん》

下侍塚古墳

上侍塚古墳の松

DATA

【時代】四世紀中頃～後半
【大きさ】墳丘長（上侍塚）約一一四m、（下侍塚）約八四m
【所在地】栃木県大田原市湯津上

大田原《おおたわら》市の湯津上《ゆづかみ》地区に広がる二〇基以上の古墳のなかに、上侍塚古墳と下侍塚古墳があります。上侍塚古墳は墳丘長約一一四メートル、下侍塚古墳は墳丘長約八四メートルに及び、ともに大型の前方後方墳です。

元禄《げんろく》五年（一六九二）から、徳川光圀の命で日本で初めて古墳の学術的発掘調査が実施されました。上・下侍塚古墳もその対象となりました。江戸《えど》時代の調査では、鏡、鉄刀などが出土しており、出土品は画工が作図して写しを取り、箱に納めて再び埋め戻されました。両古墳の後方部の頂《いただき》には、発掘跡が今も残っています。また、墳丘には盛土の流失を防ぐために松が植えられています。

下野市飯塚周辺（国土地理院提供）

国史跡　県史跡

しもつけ古墳《こふん》群《ぐん》

下野型《しもつけがた》古墳が集まる古墳群

重文

見て知る

DATA

【時　代】五世紀末～七世紀前半
【大きさ】墳丘長最大約一二八m
【所在地】栃木県小山市飯塚ほか

栃木県南部に大型古墳が集まる

栃木県南部の下野《しもつけ》市・栃木市・小山《おやま》市・上三川《かみのかわ》町・壬生《みぶ》町には、主に六世紀後半～七世紀前半に成立したとみられる大型古墳が二〇基以上も分布しています。それらをまとめて「しもつけ古墳群」と呼んでいます。

このうち最も古いのが、小山市飯塚《いいづか》の思川《おもいがわ》と姿川《すがたがわ》の合流点付近にある摩利支天塚古墳で、五世紀末に築造された前方後円墳です。後円部の頂《いただき》には名称の由来となった摩利支天社があります。墳丘長約一二〇メートルという大型古墳で、低い下段をもつ二段築成《ちくせい》です。古墳からは多数の人物埴輪《はにわ》が出土しています。摩利支天塚古墳の築造以降、七世紀まで思川の上流に向かって大型の前方後円墳がつくり続けられました。

墳丘の一段目と石室の大型切石が特徴

摩利支天塚古墳に続いて六世紀前半にそのすぐ北側に建造されたのが、琵琶塚古墳です。栃木県内最大級の前方後円墳で、墳丘長は約一二五メートルです。墳丘や中堤には、高さ六〇センチほどの円筒埴輪がめぐらされていたことがわかっています。また墳丘長が最大のものは、約一二八メートルの吾妻《あずま》古墳です。

壬生町の黒川《くろかわ》左岸にある車塚《くるまづか》古墳は、七世紀前半頃につくられた円墳です。直径は八六メートルあり、円墳としては栃木県内最大、国内でも最大級といえます。

出土した破片から、周濠《しゅうごう》の周辺には埴輪の代わりに須恵器《すえき》の大きい甕《みか》が並べられていたと推測されています。

また、三段築成の墳丘のうち、第一段が幅広くつくられているのが特徴的です。この広い部分で、祭礼が行われていたと考えられています。巨大な凝灰岩の切石を組み合わせた石室内部には赤色顔料が使われた痕跡があります。

しもつけ古墳群には、車塚古墳にみられるような、「墳丘の一段目の高さが低く幅が広い」、「石室に大型切石を用いた」などの特徴をもつものが多く、この地域に独特の構造であるため、「下野型古墳」と呼ばれます。

摩利支天社

琵琶塚古墳

車塚古墳

摩利支天塚古墳と琵琶塚古墳から出土した埴輪

国史跡

長《なが》柄《え》桜《さくら》山《やま》古《こ》墳《ふん》群《ぐん》

相模湾《さがみわん》を意識した海浜型前方後円墳

第２号墳から見た相模湾

第１号墳の前方部

DATA

【時代】4世紀末

【大きさ】墳丘長（第1号墳）約九一・三m、（第2号墳）約八八m

【所在地】神奈川県逗子市桜山・三浦郡葉山町長柄

相模《さがみ》湾を見下ろす丘陵《きゅうりょう》に、第一号墳と第二号墳の二基で構成された長柄桜山古墳群があります。相模湾と東京湾を結ぶ交通の要衝に位置した大型の前方後円墳です。その立地や外観から、海上から見られることを意識した海浜型の古墳だと考えられています。

第一号墳は、前方部が二段、後円部が三段築成になっています。後円部墳頂から円筒埴輪《はにわ》が発見されており、円筒埴輪列の存在が確認されました。地下に未盗掘と考えられる埋葬施設の存在が認められています。

第二号墳は、内部の埋葬施設についての詳細は不明ですが、墳丘を覆う葺《ふき》石《いし》が見つかっています。また円筒埴輪の破片が出土しています。

三《み》浦《うら》半《はん》島《とう》の洞《どう》窟《くつ》墓《ぼ》

生と死を象徴する洞穴遺跡

大浦山洞穴

DATA

【時　代】弥生時代中期〜古墳時代後期
【大きさ】間口七m・奥行二〇m（大浦山海蝕洞窟）
【所在地】神奈川県三浦半島沿岸部

神奈川県の東南端に位置する三浦半島には、海蝕《かいしょく》洞穴があり、三〇を超える洞穴遺跡が確認されています。

洞穴遺跡の一つ、大浦山《おおうらやま》洞穴《どうけつ》遺跡では、洞穴の入口付近から煮炊き用の甕《かめ》形土器が、洞窟奥からは古墳時代前期の高杯《たかつき》・器台《きだい》などの祭祀《さいし》用土器が出土しています。入口付近を生活の場、奥を祭祀のための空間として分けていたと考えられています。洞窟奥からは、弥生《やよい》時代の人骨や古墳時代前期以降の石組みの埋葬施設も発見されました。

雨崎《あまさき》洞穴《どうけつ》遺跡では、洞穴の下層部分から弥生時代中期〜古墳時代前期の生活跡、上層部分では古墳時代前期〜終末期の墓所が見つかりました。舟形の木棺《もっかん》や石室も発見されています。

日本遺産
特別史跡

埼玉古墳群《さきたまこふんぐん》

古代史を紡《つむ》ぐ関東最大級の古墳群

国宝

見て知る

DATA

【時代】五世紀後半〜七世紀前半
【大きさ】墳丘長最大約一三二m
【所在地】埼玉県行田市埼玉

共通した構造をもつ全国屈指の古墳群

埼玉古墳群は、利根川《とねがわ》と元荒川《もとあらかわ》に囲まれた大宮《おおみや》台地北端にある、全国屈指の内容を誇る古墳群で、特別史跡として公園に整備されています。五世紀後半から七世紀前半頃にかけてつくられた前方後円墳八基、大型円墳二基、方墳一基、ほか多数の小古墳群によって構成されています。ただし、このうち大型円墳一基と方墳一基は特別史跡の登録を受けておらず、公園外にあります。

埼玉古墳群には、前方後円墳が二重の周濠《しゅうごう》をもつ、一定方向に主軸がそろっている、西側に突出した造り出しをもつという共通点があります。

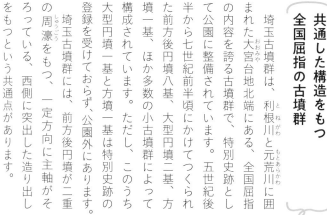

ワカタケルの実在を示した金錯銘鉄剣《きんさくめいてっけん》などが出土

稲荷山《いなりやま》古墳は古墳群中最古の五世紀後半の築造です。前方部が消失しており、現在は復元整備されています。後円部頂上から発見された二基の埋葬施設のうち、石造りの礫槨《れきかく》からは、銘《めい》により「ワカタケル（雄略天皇《ゆうりゃく》）」の実在を推定させる、「金錯銘鉄剣」をはじめとした、豪華な副葬品が出土し、国宝に指定されて隣接するさきたま史跡の博物館に収蔵されています。

六世紀初めに築造された丸墓山《まるはかやま》古墳は、直径一〇五メートルの日本最大級の円墳です。古墳群で唯一、葺《ふき》石《いし》が墳丘の表面を覆っていた可能性があります。

二子山《ふたごやま》古墳は、古墳群中最大の墳丘長一三二・二メートルの前方後円墳です。造り出し部から須恵《すえ》器《き》・土師器《はじき》、形象埴輪《けいしょうはにわ》が出土しました。

六世紀後半につくられた将軍山《しょうぐんやま》古墳は、墳丘長九〇メートルの前方後円墳で、後円部の横穴式石室から朝鮮半島由来の「馬冑《ばちゅう》」という日本では大変珍しい馬の武装用冑が出土しました。

将軍塚古墳

稲荷山古墳から出土した、国宝の金錯銘鉄剣（文化庁所蔵、埼玉県立さきたま史跡の博物館提供）

装飾付須恵器壺・高杯形器台（文化庁所蔵、埼玉県立さきたま史跡の博物館提供）

COLUMN

須恵器

須恵器とは、四世紀末に朝鮮半島より伝来した新製法による素焼きの焼物です。穴窯《あながま》に入れ一〇〇〇度以上の高温で固く焼き上げる製法がとられ、それまで主流だった野焼きの土師器からすると画期的な土器でした。ろくろの使用も始まり、規格のそろった製品がつくられるようになります。

須恵器は土師器に比べて保水性がよく、液体の長期保存などに適します。貯蔵容器としての甕《みか》・壺《つぼ》、煮沸用の甑《こしき》、儀礼用の器台《きだい》・高杯《たかつき》などに用いられました。古墳時代には、土師器と須恵器は、用途に合わせて使い分けられたと考えられています。

埼玉古墳群では、埴輪の代替として使用された「須恵質埴輪壺《すえしつはにわつぼ》」（中の山古墳）、「装飾付須恵器壺・高坏形器台」（奥の山古墳）など珍しい遺物が出土しました。

(世田谷区教育委員会提供)

都史跡

野毛大塚古墳《のげおおつかこふん》

多量の滑石製模造品が出土

重文

見て知る

前方後円墳の前方部が矮小化《わいしょう》した墳形

野毛大塚古墳は、世田谷区《せたがや》を中心に展開する野毛古墳群の中心的古墳です。帆立貝形古墳で、周囲をめぐる馬蹄形《ばてい》の周濠《しゅうごう》を含めると、全長一〇四メートルにも及びます。古墳の表面は葺石《ふきいし》で覆われており、方形部の付け根に造り出しがあるのも特徴です。

南武蔵《みなみむさし》の多摩川《たまがわ》下流域では、四世紀には円墳や前方後円墳が盛んに築造され、この野毛古墳群と、現在の大田区《おおた》の田園調布《でんえんちょうふ》古墳群とあわせ、荏原台《えばらだい》古墳群と称されています。野毛大塚古墳が成立した五世紀初め頃になると、前方部が矮小化《わいしょうか》し、帆立貝形へと変化し

DATA

【時　代】五世紀初頭
【大きさ】墳丘長約八二m
【所在地】東京都世田谷区野毛一−二五−一
（玉川野毛町公園内）

ている例がみられます。

畿内《きない》との関係を示す鉄製の副葬品《ふくそうひん》

後円部の頂《いただき》からは、四つの埋葬施設が見つかっており、多数の副葬品が出土しています。銅鏡、甲冑《かっちゅう》・鉄刀・鉄剣などの武具をはじめ、玉《たま》類、鉄製農工具、多種多様な石製模造品《せきせいもぞうひん》など種類も多彩です。

なかでもとくに目を引くのは、石製模造品です。じつに多種多様な形の石製模造品が出土していますが、滑石《かっせき》による槽《そう》や下駄《げた》を模したものは、ほかの古墳では少ない出土品です。これらの遺物は、学術的価値が高く、国の重要文化財に指定されています。

前方部から後円部を見る

鉄製甲冑（復元、世田谷区教育委員会提供）

COLUMN

滑石製模造品

古墳の出土品の一つに、石製模造品があります。なかでも、「滑石」もしくは「タルク」と呼ばれる、硬度が低く蠟《ろう》のような感触の鉱物でつくられたものを「滑石製模造品」といいます。祭祀《さいし》などに使われました。

古墳から出土している滑石製模造品は、剣・盾・斧《おの》・櫛《くし》・臼《うす》・杵《きね》・腰掛《こしかけ》などモチーフが具体的にわかるものが大半です。対して、祭祀遺跡からは、玉類や円板など原型のわかりにくい滑石模造品が出土する例があります。

野毛大塚古墳からは、水を濾過《ろか》する木製の槽を模したもの、祭祀を行う人が履いたともされる下駄を模したものなど、珍しい滑石模造品も出土しています。

(世田谷区教育委員会提供)

国史跡

国内最大の上円下方墳

武《む》蔵《さし》府《ふ》中《ちゅう》熊《くま》野《の》神《じん》社《じゃ》古《こ》墳《ふん》

DATA

【時　代】七世紀後半
【大きさ】墳丘長約三二m
【所在地】東京都府中市西府町二ー一九

その名のとおり武蔵府中熊野神社境内にある古墳です。下部二段が方形、上部一段が円形という上円下方墳です。方形部は一辺約三二メートル、円形部は直径約一六メートルで、国内に六基のみの類例中最大級のものです。

墳丘の二・三段目の表面は貼石で覆われ、一段目の外周には切石が並べられていました。現在は修復・復元されています。内部には切石積横穴式石室《きりいしづみよこあなしきせきしつ》が見つかっています。

石室から銀象嵌《ぎんぞうがん》の七曜紋《しちようもん》が施された「銀象嵌鞘尻金具《ぎんぞうがんさやじりかなぐ》」一点のほか、環金具、刀子《とうす》などが出土しています。被葬者は不明ですが、当時の武蔵国《むさしのくに》（現在の埼玉県から東京都辺り）周辺を代表する首長だと考えられています。

中部エリア

国史跡

森将軍塚古墳《もりしょうぐんづかこふん》

長野県最大規模の前方後円墳

墳頂には埴輪《はにわ》列が配されている

森将軍塚古墳は、長野県最大規模の前方後円墳です。有明山将軍塚《ありあけやましょうぐんづか》古墳と倉科将軍塚《くらしなしょうぐんづか》古墳、土口将軍塚《どぐちしょうぐんづか》古墳をあわせた四つで、埴科《はにしな》古墳群と称されています。

千曲川《ちくまがわ》右岸にある標高約四六〇メートルの丘陵頂部につくられており、立地条件から後円部の形状がいびつな円形となっています。その後円部にある竪穴《たてあな》石室は、長さ約八メートル、幅二メートル、高さ約二メートルで東日本最大級となっています。

長野県で唯一の三角縁神獣鏡《さんかくぶちしんじゅうきょう》や鉄製の剣といった副葬品が出土しています。また、墳形からもヤマト政権との結びつきが推測され、かなりの有力者の墓だったことがわかります。

DATA

【時代】四世紀中頃
【大きさ】墳丘長約一〇〇m
【所在地】長野県千曲市大字屋代二九一一

国史跡

城《じょう》の山《やま》古《こ》墳《ふん》

「ひとかご山・大塚山《おおつかやま》」とも呼ばれた日本海側最北端の古墳

DATA

【時代】四世紀前半
【大きさ】墳丘直径東西約四一m、南北約三五m
【所在地】新潟県胎内市城塚一八七

墳丘は高さ約五メートルの楕円《だえん》形の円墳で、昔から謎の小山として、「ひとかご山・大塚山」と呼ばれてきました。新潟県内では三番目の大きさで、日本海側最北端の古墳として有名です。

現在は水田地帯に存在しますが、築造時は潟湖《せきこ》が付近まで広がっていました。銅鏡《どうきょう》や翡翠《ひすい》製の勾玉《まがたま》などが出土していることから、ヤマト政権との密接な関係性や、一帯が水上交通の交易拠点として繁栄していたことがうかがえます。

平成二四年（二〇一二）、円形外周部にコの字形の溝が発見され、前方後円墳とする見解も示されました。しかし、のちの調査で溝は後世のものと判明し、現在は円墳とされています。

（本巣市教育委員会提供）

国史跡

船来山古墳群《ふなきやまこふんぐん》

造墓が四〇〇年続いた大規模な古墳群

重文

見て知る

DATA

【時　代】三世紀中頃〜七世紀後半

【大きさ】墳丘長最大約六五m

【所在地】岐阜県本巣市上保字船来山

未確認のものも含めると三〇〇基を超える古墳数

古墳時代の前期から後期にかけて約四〇〇年もの間、造墓《ぞうぼ》が進められた古墳群です。東海の最大規模古墳群で、その数は二九〇基（史跡指定されたもので一一二基）を超えます。

前期・中期の古墳は二〇基ほどで、このうち墳丘長が六五メートルにも及ぶ五号墳が最大規模を誇ります。そのほかは後期の古墳で、なかには赤彩がほどこされた石室墳が三基存在します。

出土品は土器類、青銅製品、鉄製品、装身具などのほか、全国で一七例目の出土となる方形板革綴短甲《ほうけいいばんかわとじたんこう》や、三足壺《さんそくこ》、角付《つのつき》まりといった特殊須恵器《すえき》、中国大

本巣《もとす》市にある「赤彩古墳の館」では、復元された船来山272号墳の石室内を見ることができる（本巣市教育委員会提供）

陸製の可能性がある雁木玉《がんぎだま》など、特殊品も多く出ています。それらは船来山古墳群出土品として県の重要文化財に指定され、「古墳と柿の館」で見学することができます。

複数の首長の存在や支配の性質 築造事情を表す「複数系譜型《ふくすうけいふがた》」

古墳群とは、文字通り複数の古墳が集まって構成される一群のことですが、船来山古墳群は複数の首長やさまざまな出自の有力者の家族層によって長きにわたって築造されたと考えられる古墳群です。こうした古墳群は「複数系譜型古墳群」と呼ばれており、有名なものとしては、箸墓《はしはか》古墳を含む大和《おおやまと》・柳本《やなぎもと》古墳群（⬇一〇四ページ）などがあります。

また、四〜六基程度の首長墓の周辺に、中小古墳を随伴している古墳群を「単一系譜型《たんいつけいふがた》古墳群」と呼びます。単独で一代につき一墳の古墳を数代にわたって築造し、それが累積されて集まったものを指し、川辺《かわべ》・高森《たかもり》古墳群などがこれに分類されます。

このほかにも、明瞭な古墳群を形成せず、平野をとりまくように各所に点在して築造されている古墳もあります。これらは「輪番型《りんばんがた》古墳群」と呼ばれ、地方首長とヤマト政権中枢の地方支配の二重性が表れているとされています。

ボランティアによる船来山古墳群の保護活動（本巣市教育委員会提供）

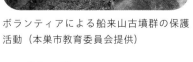

（大垣市教育委員会提供）

国史跡

昼飯大塚古墳《ひるいおおつかこふん》

三つの埋葬施設が同時につくられた古墳

見て知る

DATA

【時代】四世紀末
【大きさ】墳丘長約一五〇ｍ
【所在地】岐阜県大垣市昼飯町

鍵穴のような周濠《しゅうごう》がめぐる古墳の規模は岐阜最大

約一六〇〇年前に築かれた大型の前方後円墳です。台地上につくられ、墳丘長は約一五〇メートル、周濠も含めると推定約一八〇メートルにもなります。その規模は東海地方第三位、岐阜県で最大を誇ります。

後円部と前方部は、ともに三段築成が採用されています。しかし、土地改良事業による周濠の埋め立てで、現在では三段のうち下段が埋没し、中段と上段のみが地上に現れている状況です。

墳丘からは円筒埴輪《えんとうはにわ》をはじめ、勾玉《まがたま》やガラス玉といった玉類《たま》、土器などが出土しています。また墳丘の周りには、

その形状をなぞるようにして、鍵穴のような形状の周濠がめぐっています。

後円部には墓坑《ぼこう》（遺体を埋葬するために掘った穴）が一つありますが、その内部には竪穴《たてあな》石室（北棺）・粘土槨《ねんどかく》（南棺）・木棺直葬《もっかんじきそう》（西棺）と、埋葬方法が異なる三つの施設が存在します。少なくとも、三人以上が同時に埋葬されています。

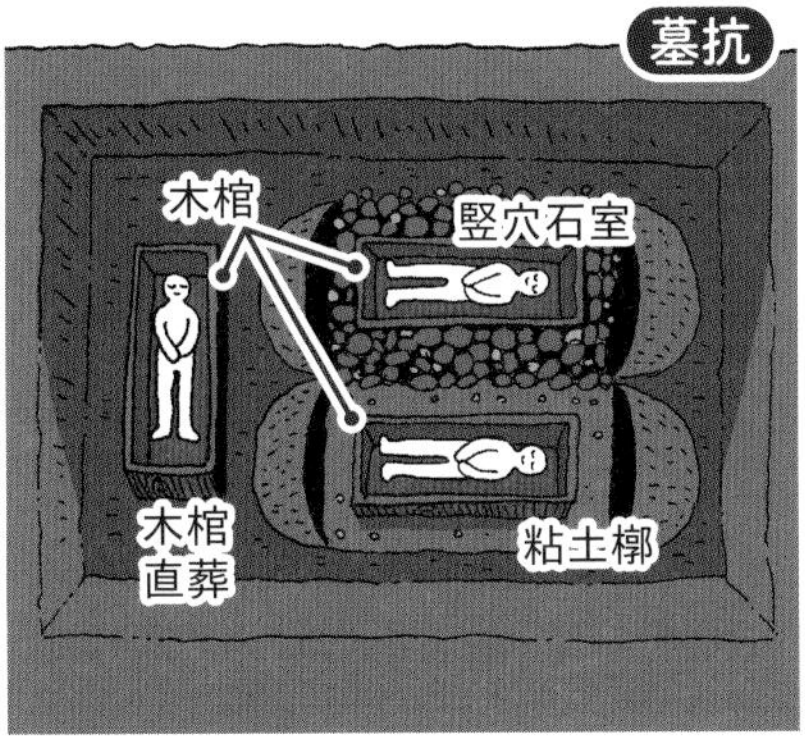

後円部にある３つの埋葬施設

古墳時代の東海地方の政治状勢がうかがえる古墳

被葬者は大王に準ずるほどの有力者とされており、ヤマト政権と密接な関係のある大首長と考えられています。立地も、濃尾《のうび》平野の交通の要衝であるため、東海地方における古墳時代の政治を考えるうえで重要な古墳とされており、大正期（一九一二～二六）には学会誌で紹介されるようになりました。

しかし、明治一〇年代には後円部の石室に盗掘が発生し、出土したと伝えられている鏡や多数の玉類のほとんどが、所在不明となっています。平成一二年（二〇〇〇）に国の史跡に指定され、さらに平成二六年（二〇一四）に陸橋（渡り土手）の存在が想定される前方部北側が、新たに追加指定されました。

COLUMN

円筒埴輪

形が円筒状で、外面に数条《すうじょう》の突起した帯をめぐらせた埴輪が「円筒埴輪」と呼ばれます。古墳から出土する多くの埴輪はこの種類です。これら円筒埴輪のなかでも、円筒の上部が朝顔の花弁のような漏斗《ろうと》状に広がったものを「朝顔形《あさがおがた》円筒埴輪」と呼びます。

その起源は、供献用の特殊器台《とくしゅきだい》（儀式に用いられる土器）が変化したものとされています。もともとは奈良県を中心に西日本で使用されていましたが、五世紀頃になって東日本にも広がりました。

昼飯大塚古墳をはじめ、さまざまな古墳の墳丘テラス部には、円筒埴輪が並べられています。これは古墳を区画して、荘厳にする意味が込められているそうです。

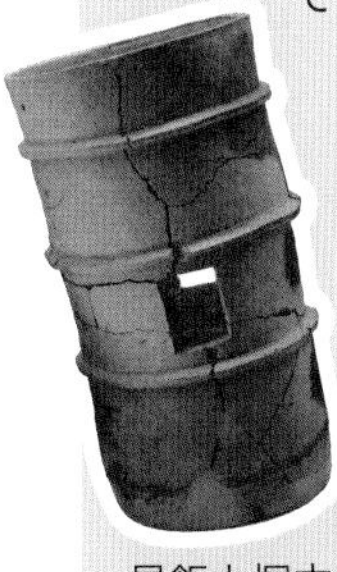
昼飯大塚古墳の円筒埴輪

国史跡

野《の》古《こ》墳《ふん》群《ぐん》

古墳時代中期の古墳が密集

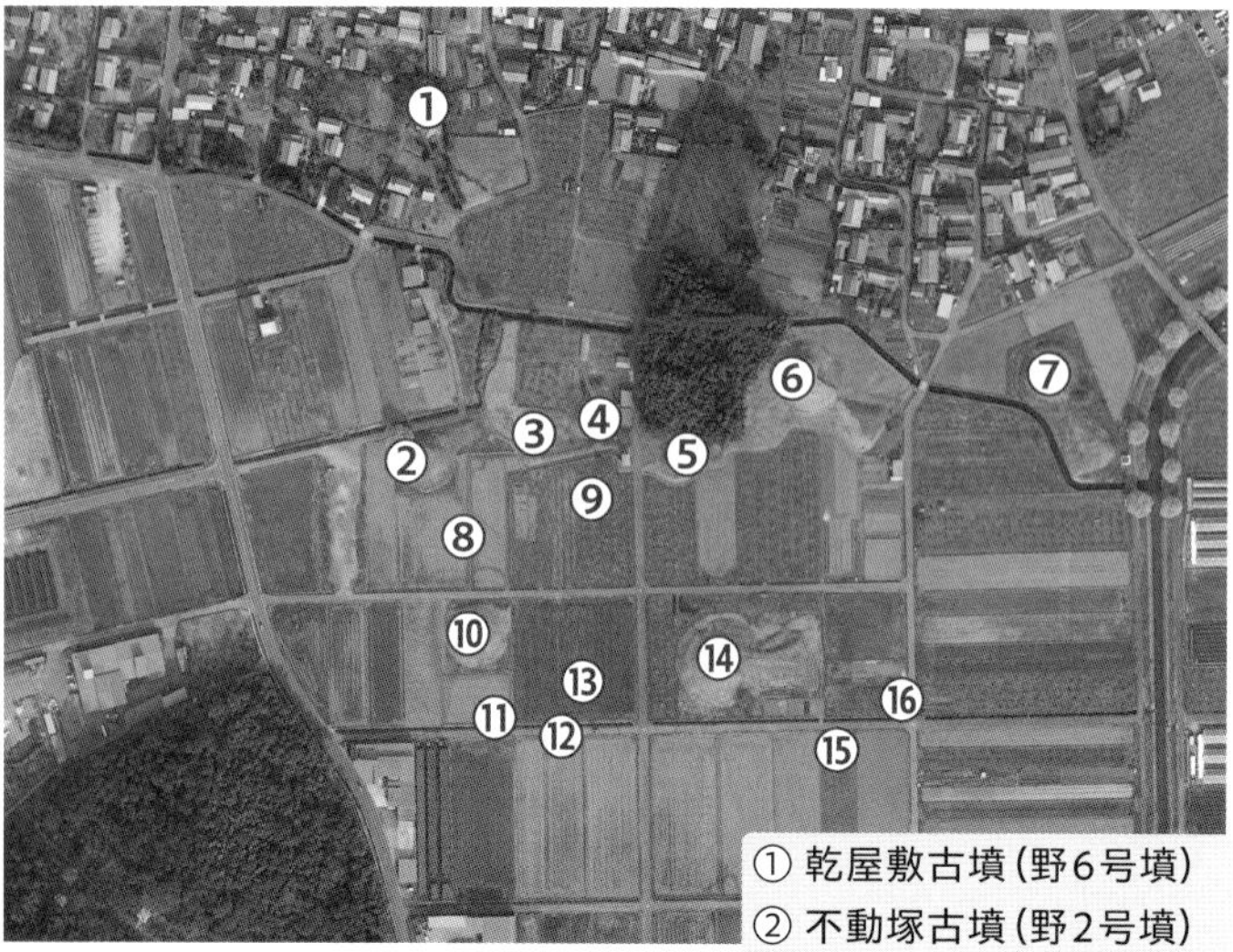

① 乾屋敷古墳（野6号墳）
② 不動塚古墳（野2号墳）
③ 野8号墳　④ 野9号墳
⑤ 野7号墳
⑥ 南屋敷西古墳（野3号墳）
⑦ 南出口古墳（野5号墳）
⑧ 野16号墳　⑨ 野13号墳
⑩ モタレ古墳（野1号墳）
⑪ 野10号墳　⑫ 野11号墳
⑬ 野15号墳
⑭ 登越古墳（野4号墳）
⑮ 野17号墳　⑯ 野14号墳

帆立貝形のモタレ古墳（野１号墳）

DATA

【時　代】四世紀末頃〜六世紀初頭
【大きさ】墳丘長最大約八三m
【所在地】岐阜県揖斐郡大野町大字野

大野《おおの》町内には二〇〇基を超える古墳が点在します。なかでも、野集落の西部に築造された野古墳群では、一四基もの古墳が国の史跡に指定されています。これは、古墳時代中期の初頭頃から後期の初頭にかけての時期に、これほどの規模の古墳が密集している点が全国的にも重要だからです。

南屋敷西《みなみやしきにし》古墳（野三号墳）は、墳丘長約七六メートル、墳丘や周濠《しゅうごう》からは円筒埴輪《えんとうはにわ》などの破片が出土しています。同古墳群では最大の登越《のぼりごえ》古墳（野四号墳）は、墳丘長約八三メートル、盾形の周濠からは円筒埴輪や形象埴輪の破片が出土しています。モタレ古墳（野一号墳）は帆立貝形古墳で、周濠からは須恵器《すえき》などが出土しています。

県史跡

姥《うば》塚《づか》古《こ》墳《ふん》

日本国内で一〇本の指に入る巨大石室

見て知る

DATA

【時　代】六世紀後半
【大きさ】墳丘直径約四〇m
【所在地】山梨県笛吹市御坂町井之上九四一

姥塚古墳は錦生《きんせい》古墳群に含まれる古墳の一つで、曹洞《そうとう》宗の寺院・南照院《なんしょういん》の境内に位置します。「姥塚」という言葉は山姥《やまんば》が大男と力比べをして一晩で塚をつくったという伝承にちなむと伝えられています。

この古墳の石室は横穴式で、玄室と外部を結ぶ羨道《せんどう》から見て、玄室の袖部が左右どちらか一方へ広がる「片袖《かたそで》式《しき》」です。また、石室長は約一七メートルと大規模で、全国十指に入るほどです。大きな河原石が積み上げられ、さらに巨大な天井石を何段も積み重ねています。約一四〇〇年もの年月に耐えたこの石室からは、当時この一帯を支配していた有力者の存在がうかがえます。

国史跡

甲斐銚子塚古墳《かいちょうしづかこふん》

側面が酒器に似た東日本最大級の前期の古墳

文化財

見て知る

古墳時代前期の古墳では東日本最大級です。側面の形状が酒器の銚子《ちょうし》に似ていることからこの名がついたとされます。銚子塚古墳の北東には丸山塚《まるやまづか》古墳（直径約七二メートルの円墳）があり、どちらも国指定の史跡です。

竪穴《たてあな》石室からは、三角縁神獣車馬《さんかくぶちしんじゅうしゃば》鏡《きょう》などの鏡五面や、石釧《いしくろ》（石製の腕輪状のもの）、車輪石《しゃりんせき》（貝輪を石で模したもの）の腕輪形碧玉《へきぎょく》製品、また祭祀《さいし》で使われたとみられる木製品などが出土しています。また、後円部北側ではテラス状の平坦な部分が半円形に張り出したもので、石が敷き詰められた「突出部」が発見されました。祭祀場と考えられ、東日本の前期古墳では初めての発見になります。

DATA

【時　代】四世紀後半
【大きさ】墳丘長約一六九m
【所在地】山梨県甲府市下曽根町字山本八三一

国史跡

賤《しず》機《はた》山《やま》古《こ》墳《ふん》

江戸《えど》期文献にも載る県内最大の石室

見て知る

（静岡市提供）

石室入口

静岡浅間《せんげん》神社の境内にあり、付近の地形を削って芯部をつくり、その上に高さ約七メートルの墳丘を築いています。この古墳の横穴式石室は、全長が約一八メートルと大型で静岡県内最大です。石室内には大型のくりぬき式家《しきいえ》形石棺《がたせっかん》（石をくりぬいてつくられた石棺➡一三五ページ）が残っています。出土品は七世紀前半のものもあり、追葬が複数回行われたと考えられています。

『駿河國志《するがこくし》』や『駿河記《するがき》』、『駿国雑志《すんこくざつし》』といった江戸時代の文献にもこの古墳の存在が記されています。そこには、明和《めいわ》年間（一七六四～七二）に石積みの部屋や、石棺の周囲から大刀《たち》や鈴のついた鈴鏡《れいきょう》（六鈴鏡《ろくれいきょう》）が発見されたことなどが書かれています。

DATA

【時　代】六世紀後半
【大きさ】墳丘直径約三二m
【所在地】静岡市葵区宮ケ崎町一〇二ー一

※中には入れないが、外から見学可能

国史跡

断夫山古墳《だんぷさんこふん》

宮簀媛《みやずひめ》の伝承残る愛知県最大の古墳

(名古屋市教育委員会提供)

白鳥古墳

愛知県最大規模を誇る断夫山古墳は、豪族の尾張連《おわりのむらじ》の墓と伝えられるほか、日本武尊《やまとたけるのみこと》が結婚の約束をかわした宮簀媛が眠るという伝承もあります。この言い伝えから、「夫を断つ」という意味で「断夫」という名がついたとされています。加えて、断夫山古墳の近くには、日本武尊の墓と伝承される白《しら》鳥《とり》古墳があります。前方部が後円部よりも約四〇メートルも大きいという点が特徴的です。西側のくびれ部からは多くの須恵器《すえき》が発掘されています。

戦前までは熱田《あつた》神宮が管理していたため発掘調査は行われていませんでしたが、近年になって古墳整備のための調査が始められ、今後多くの発見が期待されています。

DATA

【時代】五世紀末～六世紀初頭
【大きさ】墳丘長約一五一m
【所在地】愛知県名古屋市熱田区旗屋一－一〇－一四

国史跡

志《し》段《だ》味《み》古《こ》墳《ふん》群《ぐん》

名古屋市最高峰に築造された古墳群

見て知る

白鳥塚古墳

志段味大塚古墳

名古屋市最高峰の東谷山《とうごくやま》の山頂から尾根、山裾などに分布する志段味古墳群は、尾張《おわり》を代表する大型古墳群です。構成する古墳は、白鳥塚《しらとりづか》古墳、志段味《しだみ》大塚《おおつか》古墳、東大久手《ひがしおおくて》古墳、西大久手《にしおおくて》古墳、勝手塚《かってづか》古墳、中社《なかやしろ》古墳などです。なかでも最大の白鳥塚古墳は四世紀前半の築造とされ、当初は葺石《ふきいし》に石英《せきえい》を使用した白い墳丘が特徴的だったとされます。

上志段味地区には、六六基もの古墳があります。この一帯は庄内川《しょうないがわ》と陸路を結ぶ交通の要衝で、ヤマト政権と連携した有力者がこの地を治め、約四〇〇年間、古墳がつくられ続けました。豊富な出土品は、しだみ古墳群ミュージアムで見ることができます。

DATA

【時　代】四世紀前半～七世紀
【大きさ】墳丘長最大約一一五m
【所在地】愛知県名古屋市守山区大字上志段味字前山

国史跡

宝塚古墳《たからづかこふん》

船形埴輪《ふながたはにわ》で有名な伊勢《いせ》最大級の古墳

重文

見て知る

前方部から後円部を見た光景

出土した船形埴輪

宝塚古墳は、伊勢最大規模の一号墳と、帆立貝形古墳の二号墳の二基から成ります。一号墳の発掘調査では、全国的にも大型で貴重な船形埴輪など、一四〇点もの埴輪が出土し、重要文化財に指定されています。

船形埴輪は全国各地で発見されていますが、一号墳の船形埴輪は全長約一四〇センチ、高さ約九四センチ、最大幅約三六センチと国内最大規模です。これらは当時の他界観や古墳で行われた儀礼を知るうえで重要な史料とされています。

そのほか、円筒や壺《つぼ》、盾《たて》、囲《かこい》、短甲《たんこう》、家などの形象埴輪が出土しました。埴輪の一部は、松阪《まつさか》市文化財センター「はにわ館」で展示しています。

DATA

【時代】 五世紀初頭

【大きさ】 墳丘長（一号墳）約一一一m、（二号墳）約九〇m

【所在地】 三重県松阪市宝塚町、光町

国史跡

美旗古墳群《みはたこふんぐん》

伊賀《いが》で最大規模の古墳群

見て知る

貴人塚古墳

馬塚古墳

伊賀地域で最大級の美旗古墳群は、殿塚《とのづか》古墳や女良塚《じょろうづか》古墳など五基の前方後円墳（帆立貝形古墳として扱われる場合もある）を中心とした古墳群です。四世紀末から六世紀初頭までさまざまな年代の古墳が集まっており、殿塚古墳からは鉄兜《てつかぶと》、女良塚古墳では家形埴輪《いえがたはにわ》、六世紀初頭築造の貴人塚《きじんづか》古墳からは須恵器《すえき》が出土しています。

美旗古墳群で最大規模を誇る馬塚《うまづか》古墳は、墳丘長約一四二メートルを誇り、三重県内でも二番目の大きさです。美旗古墳群の西側には、馬塚古墳に似せた外観をもつ「美旗市民センター歴史資料館」があります。ここでは、名張《なばり》市内の古墳群から出土したさまざまな副葬品を展示しています。

DATA

【時　代】四世紀末～六世紀
【大きさ】墳丘長最大約一四二m
【所在地】三重県名張市新田、下小波田、上小波田

国史跡

能美古墳群《のみこふんぐん》

北陸最大級の前方後円墳を有する

見て知る

秋常山１号墳の墳丘

もともとは能美平野に点在していた五つの古墳群のことで、平成二五年（二〇一三）に能美古墳群と総称するようになりました。これまでに六二基の古墳が発見されており、能美地域を支配していた歴代の有力者たちが眠っています。

そのなかでも秋常山《あきつねやま》一号墳は、墳丘長が約一四〇メートルと大型で、石川県内の前方後円墳では突出した規模を誇り、北陸でも六呂瀬山《ろくろせやま》古墳（墳丘長約一四三メートル）に次ぐ大きさです。能美古墳群で最も早期に形成された寺《てら》井山《いやま》古墳群は弥生《やよい》時代の終末期（三世紀前半）のものです。このほか四世紀前半の和田山《わだやま》、末寺山《すえでらやま》、六世紀の西山《にしやま》の各古墳群が含まれます。

DATA

【時　代】三〜六世紀
【大きさ】墳丘長最大約一四〇m
【所在地】石川県能見市

須曽蝦夷穴古墳《すそえぞあなこふん》

日本で希少な高句麗《こうくり》式の構造

見て知る

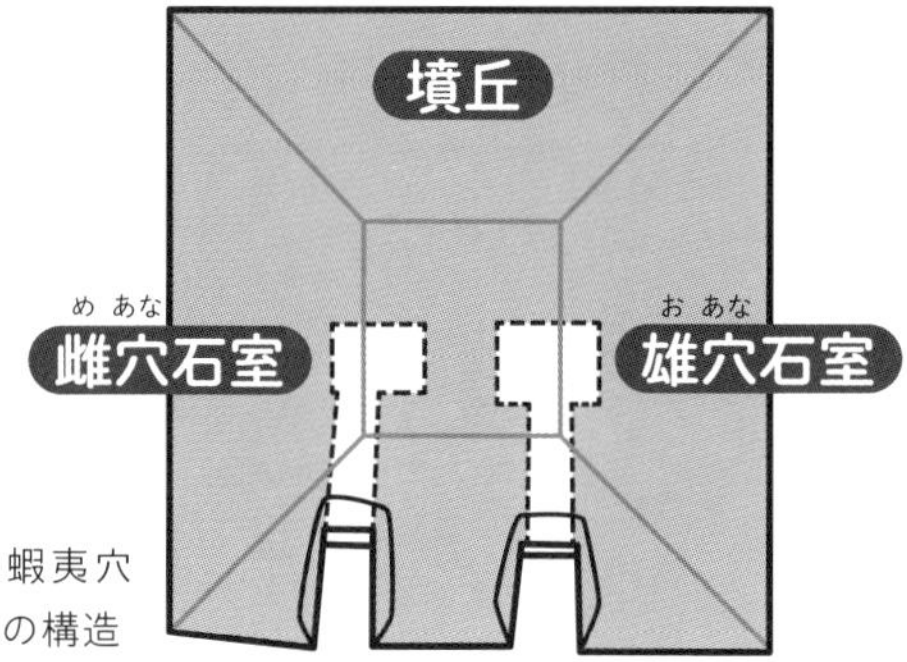

須曽蝦夷穴古墳の構造

須曽蝦夷穴古墳は、能登《のと》島南部の須曽集落の背後の山中にあります。この古墳の付近には、ほかの古墳が見つかっていません。そのことから、孤立的な古墳だといえます。

須曽蝦夷穴古墳の最大の特徴は、二つの横穴式石室です。石室の天井部が「隅三角持送技法」によりドーム状になっているなど、高句麗《こうくり》式の構造の特徴を備えており、全国的にも希少な平面形となっています。

東側の平面T字形の石室を「雄穴《おあな》」、西側の平面L字形石室を「雌穴《めあな》」と呼び、どちらも全長が約九メートルあります。双方並行して設けられていることから、高い計画性をもって築造されたことがうかがえます。

DATA
【時代】七世紀中頃
【大きさ】墳丘一辺約二五m
【所在地】石川県七尾市能登島須曽町タ部二一一五

日本遺産　国史跡　県史跡

上中古墳群《かみなかこふんぐん》

若狭《わかさ》湾に結びつく要衝の古墳群

見て知る

向山1号墳

　上ノ塚《じょうのづか》古墳を含む脇袋《わきぶくろ》古墳群、県史跡にも指定されている十善《じゅうぜん》の森《もり》古墳がある天徳寺《てんとくじ》古墳群、本州最古級の横穴式石室とされる向山《むかいやま》一号墳を含む向山古墳群などがまとめられて、上中古墳群は成り立っています。

　上中《かみなか》地域は北川を下ると、朝鮮半島や九州への航海路の玄関口・若狭湾につながります。南下すると近江《おうみ》を経てヤマト政権中心地への最短路となるため、交通の要衝として重んじられたとされます。加えて、若狭地方はのちにヤマト政権へ塩や海産物といった食糧を献上する御食国《みけつくに》と呼ばれるようになり、古墳群の成立に先立って専用土器を用いて塩を生産する「土器製塩《どきせいえん》」も盛んに行われました。

DATA

【時　代】四世紀末～六世紀

【大きさ】墳丘長最大約一〇〇m

【所在地】福井県三方上中郡若狭町脇袋

近畿エリア

国史跡

金山古墳《かなやまこふん》

めずらしいひょうたん形の古墳

(河南町教育委員会提供)

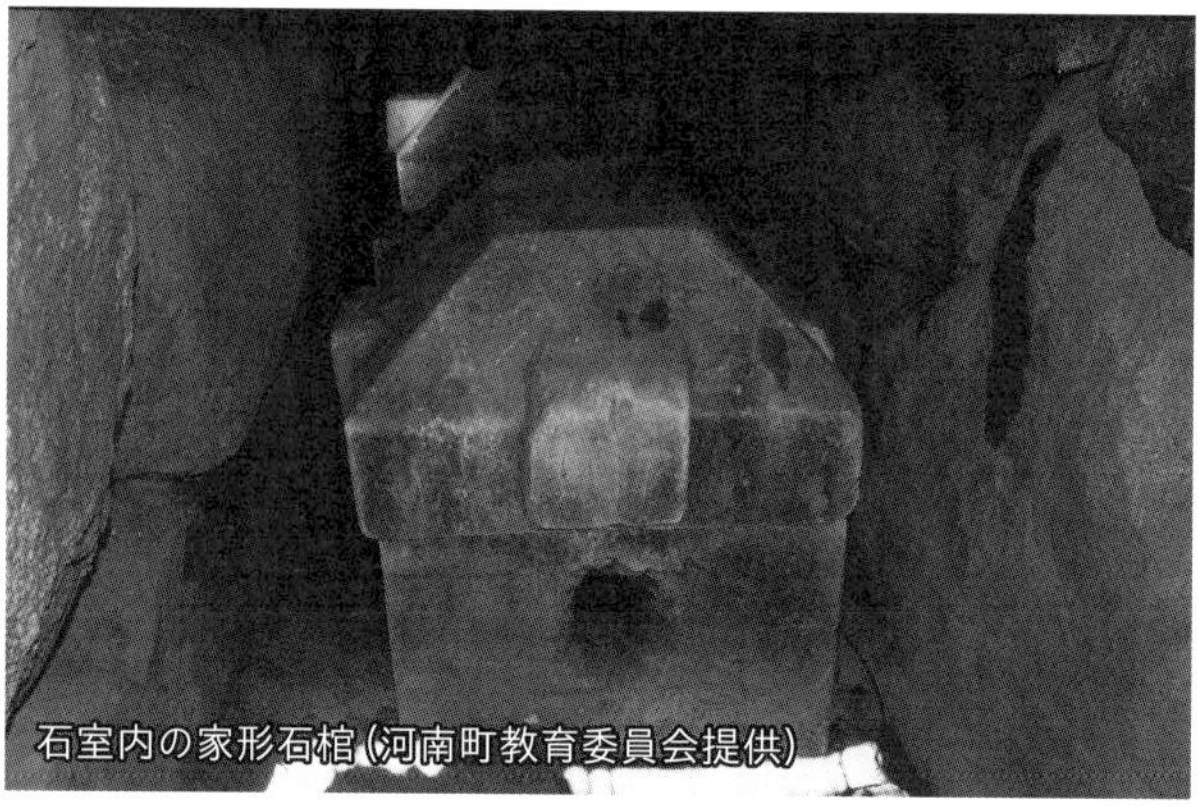
石室内の家形石棺(河南町教育委員会提供)

DATA

【時　代】六世紀末頃～七世紀初頭
【大きさ】墳丘長約八五・八m
【所在地】大阪府南河内郡河南町大字芹生谷一九二

金山古墳は日本国内ではかなり例が少ない「ひょうたん形」の双円墳です。双円墳は古代朝鮮半島の新羅《しらぎ》にも見られます。

築造は、前方後円墳が消失する古墳時代後期にあたる六世紀末から七世紀初頭です。被葬者は不明ですが、『住《すみ》吉大社神代記《よしたいしゃじんだいき》』の「胆駒神南備山本《いこまかんなびやまほん》記《ぎ》』には厩戸王《うまやとおう》(聖徳太子《しょうとくたいし》)の子である三枝王《さきくさのみこ》の墓とする説があります。

北側の墳丘には横穴式石室と二基の家形石棺《いえがたせっかん》があります。南側の墳丘にも石室へと続く道が見つかり、横穴式石室があると判明しましたが、未調査のため詳細は不明です。現在、古墳は史跡公園として整備され、復元された金山古墳の墳丘に登ることもできます。

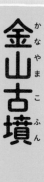

国史跡

今城塚古墳《いましろづかこふん》

「埴輪《はにわ》祭」を今に伝える大王墓《だいおうぼ》

見て知る

埴輪祭祀場（高槻市立今城塚古代歴史館提供）

（高槻市立今城塚古代歴史館提供）

DATA

【時　代】六世紀前半
【大きさ】墳丘長約一八一m
【所在地】大阪府高槻市郡家新町

大阪府高槻《たかつき》市と茨木《いばらき》市の一帯は、「三島《みしま》古墳群」と呼ばれ、古墳時代初期から終末期までの有力な古墳がたくさんつくられました。なかでも今城塚古墳は、太田茶臼山《おおだちゃうすやま》古墳（五世紀中頃）と並んで淀川《よどがわ》流域最大級で、一番の特徴は中堤北側に「埴輪祭祀《さいし》場」があることです。大王の埴輪祭を再現していて、家や人、動物など二〇〇点以上の埴輪が並びます。

宮内庁はすぐ近くにある太田茶臼山古墳を第二六代継体《けいたい》天皇の陵墓と定めていますが、現在は今城塚古墳こそ継体天皇陵とする説が有力です。

古墳周辺は市民公園に整備されています。古墳内を自由に歩ける大王墓は日本でここだけといえるでしょう。

世界遺産　日本遺産　国史跡

古市古墳群《ふるいちこふんぐん》

世界文化遺産の巨大古墳群

重文

見て知る

上空から撮影した誉田御廟山古墳

全国二位の大きさを誇る「誉田《こんだ》御廟山《ごびょうやま》古墳」

古市古墳群は、大阪府の藤井寺市《ふじいでら》と羽曳野市《はびきの》の一帯に展開しています。墳形が不明なものを含め、一二三基もの古墳がありましたが、この地域は早くに市街化が進んだため、多くの古墳が消滅しました。なかでも前方後円墳は三一基あり、古墳時代の最盛期を代表する古墳群です（現存八七基）。

最も有名なのが、宮内庁によって第一五代応神《おうじん》天皇の陵墓とされている誉田御廟山古墳です。墳丘長四二五メートルは大山《だいせん》古墳（➡九六ページ）に次いで全国二位、盛土の量は日本一を誇るといわれています。

墳丘の周囲には二重の周濠《しゅうごう》がめぐらされ、武器や武具、馬具などの副葬品が出土した陪塚《ばいちょう》（従属的な小型の古墳）も多数見つかっています。さらに墳丘テラスに並ぶ円筒埴輪《えんとうはにわ》は二万本という桁外れの多さです。

応神天皇の在位は四世紀末～五世紀初頭頃、『古事記《こじき》』『日本書紀《にほんしょき》』には誉《ほむ》田別命《たわけのみこと》の名前で登場し、渡来人たちの技術を積極的に採用してヤマト政権の基盤を築いた人物と考えられています。

交通の要衝であり、土師《はじ》氏の拠点でもあった

古市古墳群では、四世紀後半から六世紀前半にかけ、七代に及ぶ巨大前方

DATA

【時　代】四世紀後半～六世紀前半
【大きさ】墳丘長最大約四二五m
【所在地】大阪府羽曳野市、藤井寺市

津堂城山古墳から出土した水鳥形埴輪（重要文化財）

後円墳が一代一古墳形式で築造されました。築造年代は古いものから、津堂《つどう》城山《しろやま》古墳、仲津山《なかつやま》古墳（仲姫命陵《なかつひめのみことりょう》）、墓山《はかやま》古墳、誉田御廟山古墳、市野山《いちのやま》古墳（允恭天皇陵《いんぎょうてんのうりょう》）、軽里大塚《かるさとおおつか》古墳（白鳥《はくちょう》陵《りょう》）、岡ミサンザイ古墳の順です。

なぜ大和《やまと》（現在の奈良県）の都から離れたこの地に、古墳が築造されるようになったのでしょうか。そこには、ヤマト政権の戦略的な意図があったようです。西方からやってきた勢力に、最初は百舌鳥《もず》古墳群（➡九六ページ）、次いで古市古墳群の巨大古墳を見せることで、政治的勢威を誇示しました。

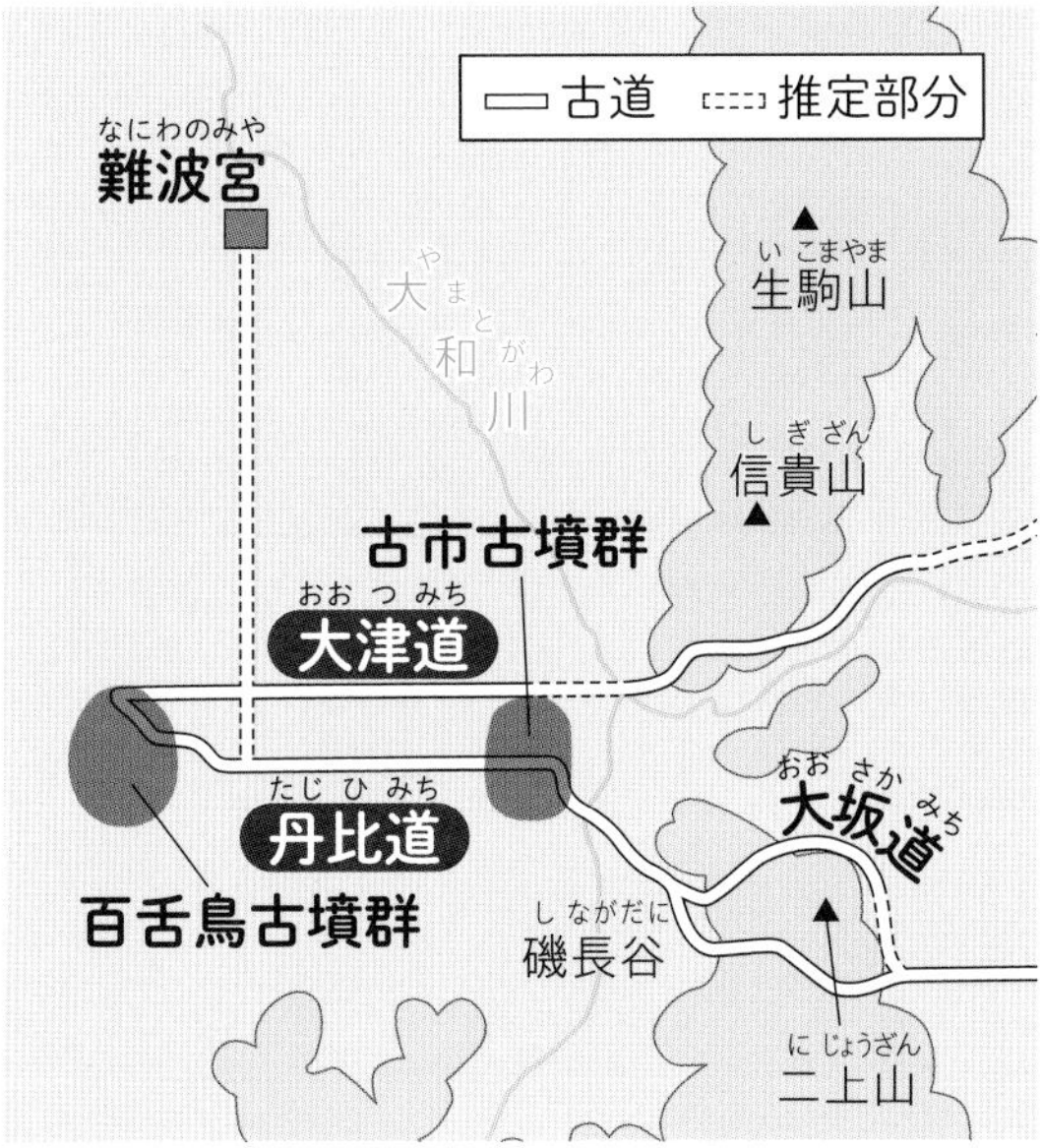

大阪府東部の河内平野を東西に走る大津道や丹比道は古市古墳群、百舌鳥古墳群のエリアを通る古道だった

近鉄《きんてつ》南大阪線には「土師ノ里《はじのさと》」という駅がありますが、この駅名は土師氏に由来しています。

土師氏は高い技術力をもっており、地方におもむいて有力首長のために前方後円墳を築造したり、葬祭儀礼まで取り仕切っていたようです。

ここに築かれた巨大古墳は、ヤマト政権の権力を国内外の人々に知らしめる役割を果たしていたと考えられます。

世界遺産　日本遺産　国史跡

百舌鳥《もず》古墳《こふん》群《ぐん》

海外を意識した世界文化遺産の巨大古墳

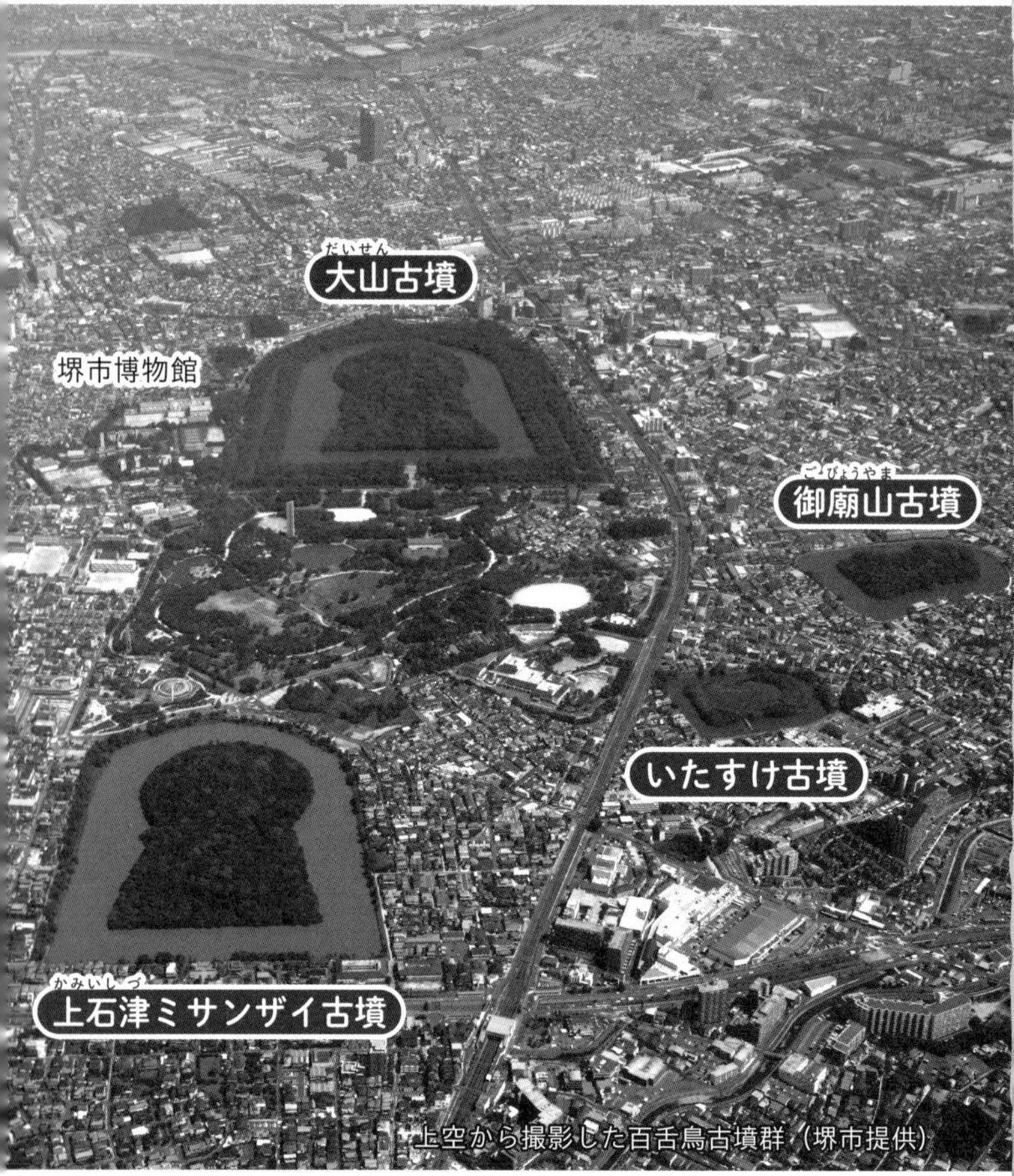

上空から撮影した百舌鳥古墳群（堺市提供）

大山古墳（堺市提供）

DATA

【時　代】四世紀末～五世紀後半頃
【大きさ】墳丘長最大約五二五m
【所在地】大阪府堺市堺区大仙町

世界最大の「大山《だいせん》古墳」被葬者は今も謎のまま

百舌鳥古墳群は大阪府堺《さかい》市の東西南北四キロメートルに広がる古墳群です。かつてこの地域には一〇〇基を超える古墳があったと考えられますが、都市開発の中で失われ、現存している古墳は四四基。平成三一年（二〇一九）に古市古墳群とともに世界遺産に登録されました。

百舌鳥古墳群の築造時期は四世紀末から五世紀後半頃。古市古墳群と百舌鳥古墳群は両方とも大王墓を含みますが、それを築営した豪族は異なるグループだったようです。おそらく中央集権制度が確立されていない時代に、複数の有力な豪族が政権を共同統治し、それぞれが擁立した大王の陵墓をほぼ同時代に築造したと推測されています。

百舌鳥古墳群のなかでも突出しているのが、日本だけでなく世界の墳墓の中でも最大である、墳丘長約五二五メートルの大山古墳です。築造は五世紀中頃と考えられています。後円部と前方部には竪穴《たてあな》石室があり、巨大な長《なが》持形石棺《もちがたせっかん》がありました。

大山古墳は、宮内庁に第一六代仁徳《にんとく》天皇の陵墓と治定されています。しかし、円筒埴輪《えんとうはにわ》や須恵器《すえき》などの特徴から、第一七代履中《りちゅう》天皇（仁徳天皇の子）の陵墓とされている上石津《かみいしづ》ミサンザイ古墳のほうが先につくられたと考えられています。

海上からも見える最先端施設だった

この地域に巨大古墳群が築かれるようになった理由には、百舌鳥古墳群が営まれた時代、朝鮮半島の覇権争いが激化していたことも関係しています。国外に鉄材を求めていた倭《わ》はこの覇権争いに関係しており、中国や朝鮮半島の国々から使者がやってくることもありました。

海外からの使者が倭に到着して最初に目にする位置にあるのが、墳丘全体を葺石《ふきいし》で飾り立てた大山古墳や上石津ミサンザイ古墳です。「ミサンザイ」という語は、「陵《みささぎ》」がなまったものといわれています。古墳時代は海岸線が現在より内陸側にあり、大山古墳と上石津ミサンザイ古墳は海上から見える建造物でした。

現在は緑豊かな山のように見える大山古墳ですが、築造当時は一二階建てのビルに相当する高さを誇る石の山でした。おそらく百舌鳥古墳群は海外から来た外交使節団にヤマト政権の威光を示し、外交を有利に進めたい意図があったと考えられています。

多種多様な埴輪や、金銅製の装身具、鉄製武器などの副葬品から、中国や朝鮮半島、ペルシアなどの影響が見られます。そこから、当時の日本と東アジアの活発な交流がうかがえます。

国史跡

観音塚古墳《かんのんづかこふん》

今もなお現存する美しい横口式石槨《よこぐちしきせっかく》

見て知る

DATA

【時　代】七世紀中頃
【大きさ】墳丘長約一二m
【所在地】大阪府羽曳野市飛鳥字観音塚

古墳時代終末期を考えるうえで重要な古墳

大阪府羽曳野《はびきの》市の東側、鉢伏山《はちぶせやま》にある終末期古墳です。調査されるまではブドウ畑として利用されていたので、墳丘は改変されていますが、直径約一二メートルほどの円墳か方墳と考えられています。古墳時代終末期を考えるうえで基準となる重要な古墳です。

注目すべきは、見事な横口式石槨です。観音塚古墳には納棺場所である石槨部と前室があります。それらを結ぶ通路である羨道《せんどう》が石槨部よりも広い、一人だけを埋葬するための埋葬施設でした。石槨部は隙間なく切石を組み合わせる高い技術が見られます。

築造は七世紀中頃、人力とは思えない精巧なつくり

被葬者はいまだに謎のままですが、横口式石槨の構造から、築造は七世紀中頃と考えられています。大和《やまと》の飛鳥《あすかの》京《みやこ》と難波《なにわ》を結んだ日本最古の官道《かんどう》・竹内街道《たけのうちかいどう》が近いことも注意を引きます。

付近にはオーコ八号墳、鉢伏山西峰《はちぶせやまにしみね》古墳など、観音塚古墳同様、横口式石槨をもつ古墳がたくさんあります。これらは石槨内部の見学も可能です。人力とは信じ難いほど精巧につくられた石槨を見学しながら、被葬者を想像するのも楽しいでしょう。

横口式石槨の前室から見た玄室入口（玄門）

付近にある飛鳥戸《あすかべ》神社。観音塚古墳の周辺は百済《くだら》の王族を先祖にもつ渡来系氏族である飛鳥戸氏の本拠地だった

COLUMN

横口式石槨

七世紀代の古墳時代終末期にかけて、現在の奈良県と大阪府にあたる地域に約六〇例つくられた横口式石槨は、棺を置く程度の埋葬空間しかなく、原則的には被葬者一人のための個人墓でした。奈良県や大阪府を中心に分布し、王族やその官人、有力氏族の長など、限られた人物の墳墓と考えられます。観音塚古墳や奈良県高市《たかいち》郡明日香《あすか》村の高松塚《たかまつづか》古墳・キトラ古墳（➡一一〇ページ）などが代表的な例です。

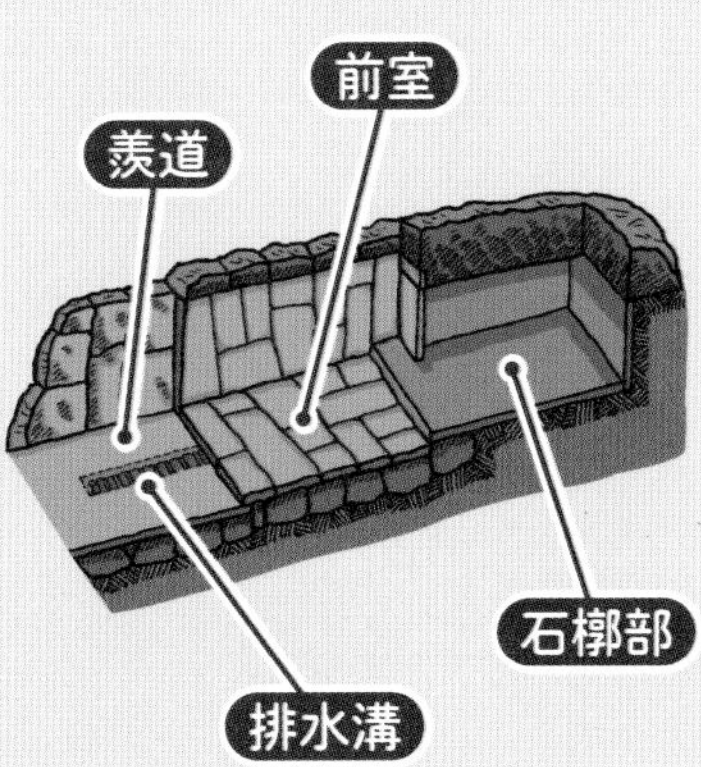

近畿

日本遺産　国史跡

叡福寺北古墳《えいふくじきたこふん》

王陵《おうりょう》の谷・磯長谷《しながだに》の終末期古墳

1985年に撮影された叡福寺北古墳の航空写真。古墳（写真上）の南側が叡福寺の伽藍《がらん》

境内には厩戸王《うまやとおう》（聖徳太子《しょうとくたいし》）とその母、妃《きさき》が眠る

推古《すいこ》天皇の摂政《せっしょう》として、一七条憲法制定や遣隋使《けんずいし》の派遣など、政治改革を図ったとされる厩戸王（聖徳太子）は、『日本書紀《にほんしょき》』によると推古二九年（六二一）に亡くなり、磯長《しなが》の地（現在の大阪府南東部）に葬られたと記述されています。叡福寺北古墳は、太子信仰の聖地である叡福寺境内にあります。

墳形は直径約五四・三メートルの楕円形の円墳で、内部は精巧な花崗岩《かこうがん》の切石を用いた横穴式石室です。厩戸王、その母である穴穂部間人皇后《あなほべのはしひとのひめみこ》、妃《きさき》である膳部菩岐々美郎女《かしわでのほききみのいらつめ》の棺《ひつぎ》が納められていると伝えられることから、「三《さん》

DATA

【時　代】七世紀中頃
【大きさ】墳丘直径約五四・三m
【所在地】大阪府南河内郡太子町大字太子永福寺内

骨一廟《こついちびょう》」と呼ばれています。しかし、叡福寺北古墳と聖徳太子の亡くなった年代は合致しません。

四つの天皇陵がある磯長谷《しながだに》古墳群

叡福寺北古墳があるこの地は、厩戸王の叔父にあたる敏《び》達《だつ》天皇、父の用明《ようめい》天皇、叔母である推古天皇など六世紀末～七世紀後半頃の天皇陵を中心に、約三〇基の古墳で構成されているのが磯長谷古墳群です。なかでも二子塚《ふたごづか》古墳は国の史跡に指定されていて、めずらしい双方墳です。

磯長谷では、五世紀に築造された九流谷《くるだに》古墳（前方後方墳）や発掘調査により古代の集落跡も見つかっており、磯長谷古墳群の成り立ちを考えるうえで重要な場所です。また、東西に最古の官道《かんどう》とされる竹内《たけのうち》街道《かいどう》が通っており、大陸から渡ってきた遣隋使の答礼使《とうれいし》は難波《なにわ》の港から百舌鳥《もず》古墳群、古市《ふるいち》古墳群、磯長谷を通過して大和《やまと》へ入りました。

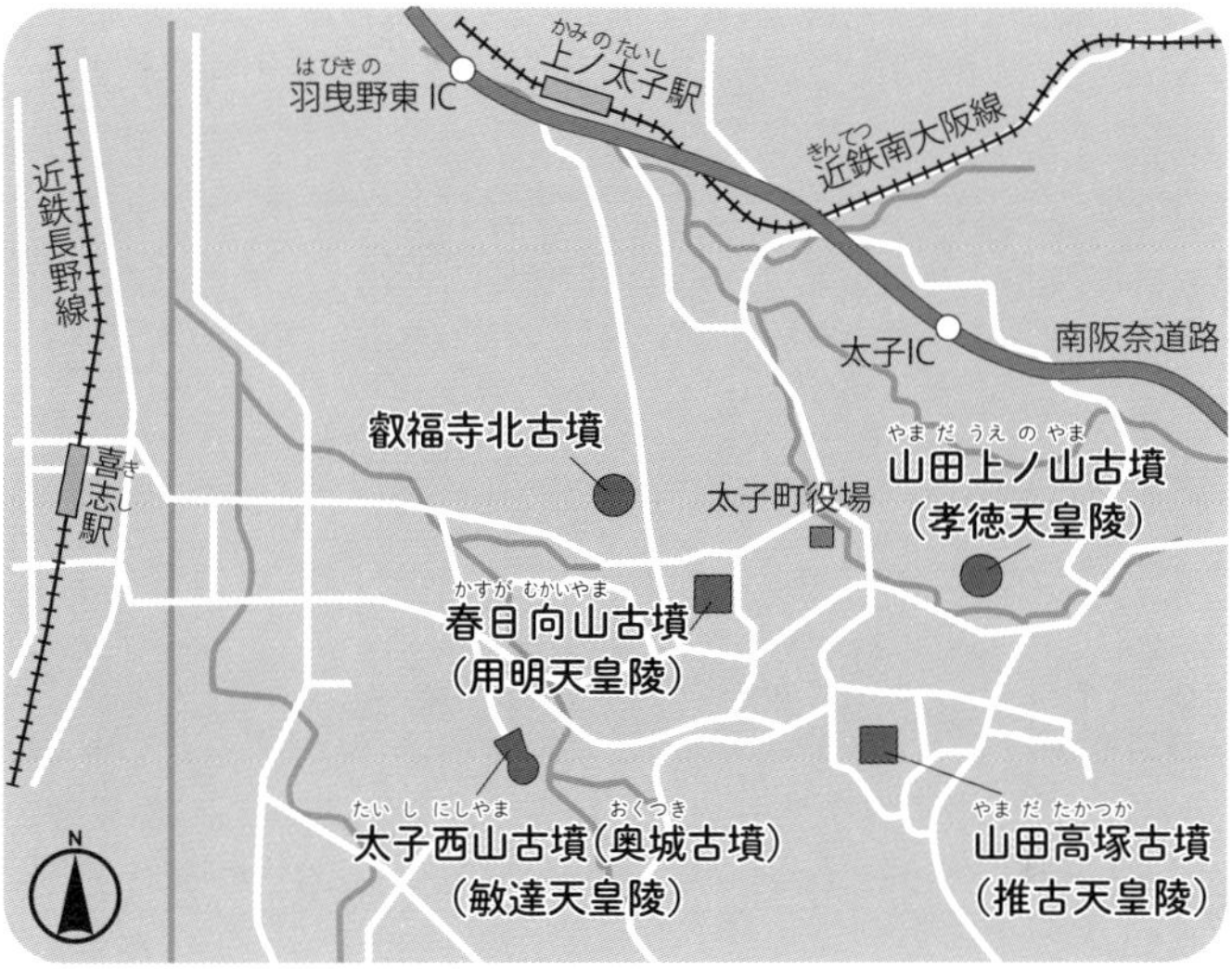

磯長谷古墳群

COLUMN

現在も被葬者不詳なワケ

天皇陵や陵墓参考地は宮内庁に管理されていて、調査はいうまでもなく、立ち入りもできません。

現在使用されている「仁徳《にんとく》天皇陵」「応神《おうじん》天皇陵」などの名前は、明治時代に宮内庁が『古事記《こじき》』『日本書紀』『延喜式《えんぎしき》』などの書物をもとに被葬者を治定《じじょう》した治定名です。

「陵」は天皇や皇后の墳墓、「墓」は皇子や皇女などの皇族が葬られている場合の名称です。これとは別に、「仁徳天皇陵」や「応神天皇陵」は、考古学では大山《だいせん》古墳や誉田御廟山《こんだごびょうやま》古墳などと呼んでいます。

ただし、天智《てんじ》天皇山科《やましな》陵、天武《てんむ》・持《じ》統《とう》天皇陵は考古学的裏づけもあります。たとえば天武・持統天皇陵は、鎌倉《かまくら》時代に盗掘された際の石室の中の構造や、副葬品の様子の記録が見つかったことにより、被葬者が確実となりました。

国史跡

一《いち》須《す》賀《か》古《こ》墳《ふん》群《ぐん》

四〇基の横穴式石室が見学できる

見て知る

B16 号古墳

　一須賀古墳群は、六世紀前半から七世紀中頃にかけて築かれた群集墳です。横穴式石室を備えた直径十数メートルの円墳や方墳が二〇〇基ほど、山の尾根や斜面に密集しています。

　金銅製の沓《くつ》、金環《きんかん》や玉《たま》類、須恵器《すえき》や土師器《はじき》、ミニチュア炊飯具《すいはんぐ》や馬具、武器などが出土。さらにこの地の北側の、用明《ようめい》天皇や推古《すいこ》天皇の陵墓群がある磯《し》長谷《ながだに》古墳群との関連が想定されることから、一須賀古墳群を営んでいたのは、優れた技術を背景にヤマト政権に仕えていた人々と考えられています。

　史跡公園「大阪府立近《ちか》つ飛鳥《あすか》風土記《ふどき》の丘《おか》」として整備され、四〇基の横穴式石室が見学できます。山歩きができる服装で行くとよいでしょう。

DATA

【時　代】 六世紀〜七世紀初頭

【大きさ】 墳丘長約一〇〜二〇m

【所在地】 大阪府南河内郡河南町一須賀、東山、太子町葉室

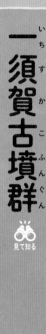

富雄丸山古墳で出土した盾形鏡（奈良市教育委員会提供）

富雄丸山古墳《とみおまるやまこふん》

日本最長の蛇行剣《だこうけん》と日本最大の盾形鏡が出土

重文

見て知る

上空から撮影した発掘調査中の富雄丸山古墳（奈良市教育委員会提供）

DATA

【時代】四世紀後半頃
【大きさ】直径約一〇九m
【所在地】奈良市大和田町丸山一丁目一〇七九ー二三九

富雄丸山古墳は、四世紀後半に築造された日本最大規模の円墳で、三段構成です。造り出し部から、古墳時代の最高傑作といわれるほどの銅鏡と剣が出土し、全国的に有名になりました。

その銅鏡は盾形をしていて、長さ約六四センチ、幅約三一センチと、国内で出土した銅鏡で最大です。裏面には神像や霊獣《れいじゅう》などをあしらった鼉龍文《だりゅうもん》が施されていたことから、「鼉龍文盾形銅鏡」と名づけられました。

同時に見つかった蛇行剣《だこうけん》は、全長約二・七メートルと、古墳で出土した鉄剣では国内最大です。また、古墳時代の鉄剣としては東アジアでも最大で、国内最古の蛇行剣です。いずれも国産とみられます。

日本遺産　国史跡

大和《おおやまと》・柳本《やなぎもと》古《こ》墳《ふん》群《ぐん》

初期のヤマト政権を知る重要なカギ

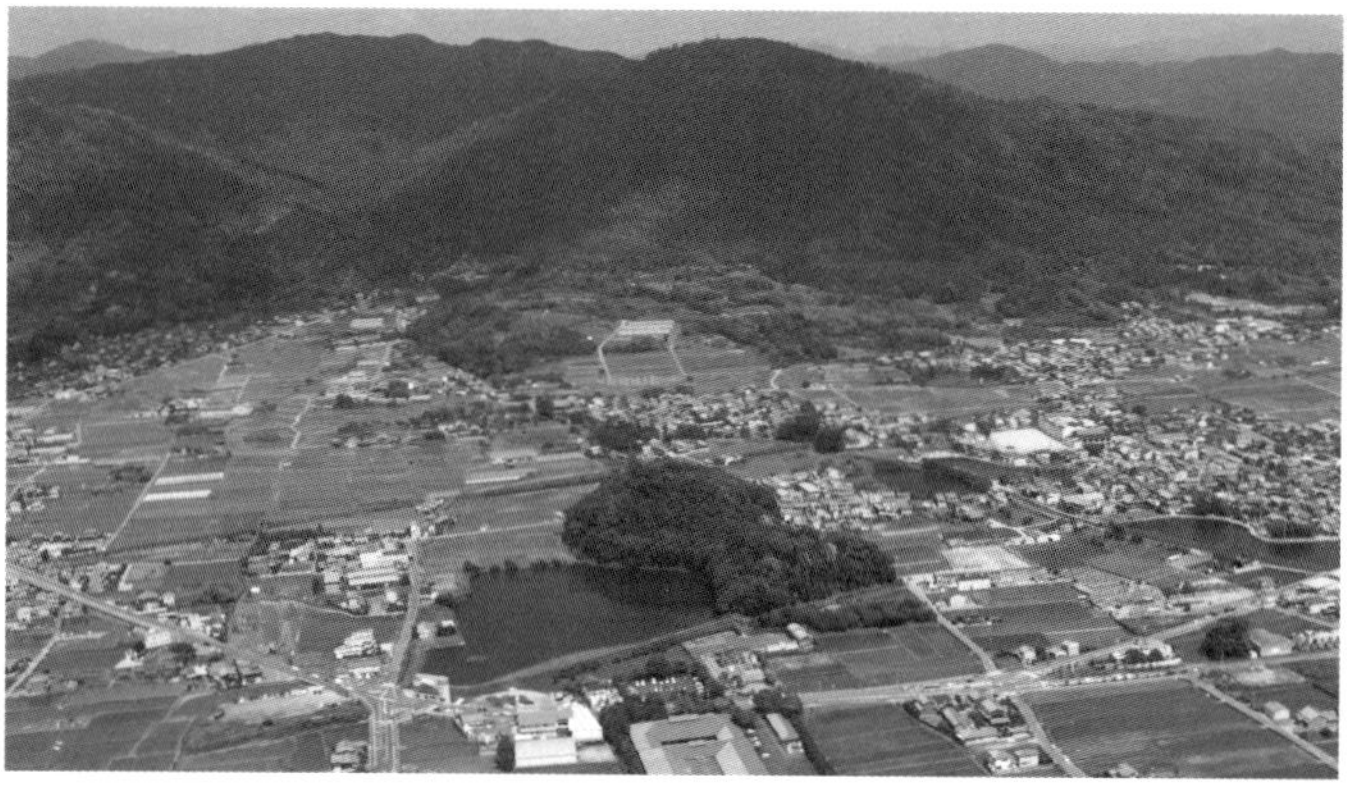

三輪山の麓にある箸墓古墳（桜井市提供、株式会社エイテック撮影）

DATA

【時　代】三世紀中頃～四世紀後半、六世紀前半～後半

【大きさ】墳丘長最大約二七二m

【所在地】奈良県天理市、桜井市

北の大和古墳群、南の柳本古墳群

奈良盆地の東に連なる山裾をぬうように走る「山辺の道」は、天理《てんり》市の石上神宮《いそのかみじんぐう》から南の大神神社《おおみわじんじゃ》へと続く日本最古の道といわれています。この道沿いの北側には大和古墳群、南側には柳本古墳群があります。この地域にはヤマト政権初期の前方後円墳、その権力を支えた有力首長たちの古墳がたくさん存在しています。

巨大前方後円墳の中で最も古いと考えられているのが、纏向《まきむく》遺跡にある箸《はし》墓《はか》古墳です。墳丘長は約二七二メートル、築造は三世紀中頃で円筒埴輪《えんとうはにわ》はまだありませんでした。『日本書紀《にほんしょき》』には、

箸墓古墳

黒塚古墳の竪穴石室は長さ約八・三メートルに及ぶ（奈良県立橿原考古学研究所提供）

三輪山《みわやま》の神と結婚した倭迹迹日百襲《やまとととひももそ》姫命《ひめのみこと》が箸墓に葬られたこと、さらに昼は人がつくり夜は神がつくったこと、大坂山《おおさかやま》に人々が登り、たくさんの石を手渡してつくったことが記述されています。

卑弥呼《ひみこ》伝説を裏づける邪馬台国《やまたいこく》の三角縁神獣鏡《さんかくぶちしんじゅうきょう》が出土!?

大量の三角縁神獣鏡や、埋葬当時の姿をとどめた竪穴《たてあな》石室が見つかったことで有名になったのが黒塚《くろつか》古墳です。墳丘長約一三〇メートルの前方後円墳で、三世紀中頃に築造されました。

ここでは、三角縁神獣鏡《さんかくぶちしんじゅうきょう》三三面と画文帯《がもんたい》神獣鏡一面が出土。三角縁神獣鏡は古代中国から入ってきた可能性があり、邪馬台国の卑弥呼が古代中国の魏《ぎ》から授かったものとする説が浮上しました。その後、四世紀後半になると王墓の中心地は奈良盆地北部の佐紀《さき》古墳群（➡一〇八ページ）へ移動します。

COLUMN

竪穴石室

古墳内につくられた木棺《もっかん》や石棺《せっかん》を納める石の部屋を石室と呼びます。古墳時代前期から中期にかけて大型古墳でよく見られる埋葬施設です。一般的には墳頂から掘った墓坑《ぼこう》の中に石を積み上げて周囲の壁を築き、埋葬空間をつくってから、大きな天井石で上部をふさいで土で埋めます。

黒塚古墳の石室内には木を縦二つに割り、内部をくりぬいて円筒形の棺《ひつぎ》にした割竹形《わりたけがた》木棺が安置され、その北半分を取り囲むように、三角縁神獣鏡三三面と多数の刀剣類が並べられていました。被葬者は木棺内で画文帯神獣鏡一面をもって安置され、その周りを刀剣類が取り囲むように配列されています。三角縁神獣鏡は原則的に鏡面を内側に向けた状態でびっしりと並んでおり、何らかの呪術的な効果を意識していたと考えられています。

国史跡

石舞台古墳《いしぶたいこふん》

墓を暴かれ石室をさらす

見て知る

石室内部

石舞台の名前の由来は、天井石がまるで舞台のように広く平らな形状をしていることです。被葬者は、第三三代推古《すいこ》天皇を皇位につけて政権を牛耳ったという蘇我馬子《そがのうまこ》の説が有力です。馬子は推古三四年（六二六）に亡くなり、この古墳も飛鳥《あすか》時代に築造されました。元は巨大な方墳で、その大きさは国内最大級で、墳丘斜面に貼石があり、周囲には外堤がある立派なものでした。しかし現在は盛土が完全に失われ、横穴式石室が露出しています。

横穴式石室に使用されている三〇個以上の石材は総重量が約二三〇〇トン、玄室の天井石は約七七トンの花崗岩《かこうがん》の巨石です。築造当時の運搬技術や、石室構築技術の高さに驚かされます。

DATA

【時　代】七世紀初頭頃

【大きさ】墳丘一辺約五〇m

【所在地】奈良県高市郡明日香村大字島庄二五四

国史跡

岩《いわ》屋《や》山《やま》古《こ》墳《ふん》

美しい切石の技術が光る

見て知る

DATA

【時代】七世紀中頃
【大きさ】墳丘一辺約五四m
【所在地】奈良県高市郡明日香村大字越

岩屋山古墳は一辺五四メートルほどの方墳のように見えますが、二段でつくられた上段は八角墳の可能性もあるようです。盛土が失われ、横穴式石室が露出していたことから、古くからその存在が知られていました。土師器《はじき》や須恵器《すえき》などが出土していることから、築造は古墳時代終末期にあたる七世紀中頃と考えられます。

床面には集水のための掘り込みや排水溝があり、羨門部《せんもんぶ》の天井石の溝《みぞ》は、外から天井石を伝ってきた水をさえぎり、石室内に入らないための工夫です。石材の加工や石組み技術の高さがうかがえる横穴式石室は、石室の編年の指標の一つとなっています。石室内は見学可能です。

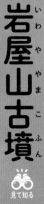

国史跡

佐紀古墳群《さきこふんぐん》

河内《かわち》への過渡期にあたる王墓群

見て知る

大和《おおやまと》・柳本《やなぎもと》古墳群から王墓の中心地が移る

佐紀古墳群は奈良市内の平城宮《へいじょうきゅう》跡の北側、東西二キロメートルほどの地域に約五〇基の前方後円墳や円墳、方墳がある古墳群です。築造時期は四世紀中頃〜五世紀後半と考えられています。

四世紀後半頃になると、大王墓を含む巨大前方後円墳は大和《おおやまと》・柳本《やなぎもと》古墳群（➡一〇四ページ）から佐紀古墳群につくられるようになります。奈良盆地の北の出入口で、ヤマト政権の政治的勢威を見せたわけです。佐紀《さき》陵山《みささぎやま》古墳（垂仁《すいにん》天皇皇后・日葉酢姫《ひばすひめ》陵）や五社神《ごさし》古墳（神功《じんぐう》皇后陵）がその初期のもので

DATA

【時代】四世紀中頃〜五世紀後半

【大きさ】墳丘長最大約二八〇m

【所在地】奈良県奈良市山陵町、佐紀町、法華寺町

す。その後、五世紀になると王墓は大阪平野の古市《ふるいち》古墳群（⬇九四ページ）へ移動します。

佐紀古墳群で最大のウワナベ古墳は墳丘長二七〇～二八〇メートルの前方後円墳で、築造は五世紀中頃です。ウワナベ古墳の陪塚《ばいちょう》である大和《やまと》六号墳からは国内最多の鉄鋌《てってい》が出土しました。ウワナベ古墳の西側には、墳丘長約二〇四メートルの前方後円墳であるコナベ古墳があります。

ヒシャゲ古墳（左上）・コナベ古墳（下中）・ウワナベ古墳（右下）。宮内庁はヒシャゲ古墳を磐姫《いわのひめ》皇后の陵墓と定めている

佐紀陵山古墳から出土した蓋型埴輪（複製）

大型仿製鏡《ほうせいきょう》や蓋形埴輪《きぬがさがたはにわ》を含む豊富な副葬品が出土

佐紀陵山古墳の副葬品は大正以前の盗掘による被害を考えると、本来のごく一部に過ぎないと思われます。しかし、それでも銅鏡五～六面、石製腕飾類、石製模造品、琴柱《ことじ》形石製品、管玉《くだたま》、石製合子《ごうす》、石製臼《うす》など、豊富な副葬品が出土しています。変形方格規矩鏡《ほうかくきくきょう》はそれぞれ流雲文《りゅううんもん》、唐草《からくさ》文、直弧《ちょっこ》文で外区を飾り、いずれも面径が三〇センチを超える大型仿製鏡の優品である。

このほか高さ約一・五メートル、差し渡し約二メートルの巨大な蓋形埴輪が、復旧工事で出土しました。橿原考古学研究所附属博物館には、その模造品が展示されています。

COLUMN

鉄鋌

鉄鋌は薄い分銅《ふんどう》形の鉄板で、両端が広がった形状をしており、武器や農具をつくるための鉄素材と考えられています。実際に鉄器に加工されないまま古墳に納められる鉄鋌は、実用の素材ではなく威信財として古墳に収められたという見方もあります。

国内では北部九州から近畿にかけて五世紀の古墳などで出土しており、ウワナベ古墳の陪塚にあたる大和六号墳から出土した鉄鋌は国内で最多記録でした。朝鮮半島南部の古墳でも多く見つかっており、五世紀に築造された韓国・慶州《キョンジュ》市の皇南《ファンナム》大塚《デチョン》墳では約一三〇〇点もの鉄鋌が出土しています。

その出土地が朝鮮半島南部と、日本国内の奈良県と大阪府の二つの地域に集中していることから、鉄鋌は朝鮮半島東南部で生産されて日本にもたらされた鉄の素材と考えられています。

日本遺産　特別史跡

装飾壁画で知られる兄弟古墳

高松塚《たかまつづか》古墳《こふん》・キトラ古墳《こふん》

国宝　重文

高松塚古墳壁画『西壁女子群像（修復後）』（国宝）。通称「飛鳥《あすか》美人」（奈良文化財研究所蔵）

DATA

【時代】七世紀末～八世紀初頭
【大きさ】墳丘直径（高松塚）約二三m、（キトラ）約一三・八m
【所在地】奈良県高市郡明日香村

キトラ古墳の装飾壁画は東アジア最古の天文図

高松塚古墳とキトラ古墳は、横口式《よこぐちしき》石槨《せっかく》をもつ円墳で、場所や築造時期が近いなどの共通点があることから「兄弟古墳」と呼ばれています。この二つの古墳が広く世に知られるようになったのは、石室内の壁面に描かれていた装飾壁画でした。

キトラ古墳の石室内には中国の陰陽《いんよう》五行《ごぎょう》思想に基づく四神《しじん》が描かれていました。四神とは、北が玄武《げんぶ》（亀と蛇）、南が朱雀《すざく》、東が青龍《せいりゅう》、西が白虎《びゃっこ》という四つの方角を守る霊獣のことです。さらに天井には、金箔《きんぱく》で表した星を朱線でつないだ天文図が描かれており、東アジアに現存する最古の天文図といわれています。

「飛鳥美人」で一躍有名になった高松塚古墳

高松塚古墳の石室内壁画にもキトラ古墳と同じく四神が描かれていましたが、鎌倉《かまくら》時代にあった盗掘によって朱雀が失われている状態で発見されました。しかし高松塚古墳では、切手の図案にも採用された「飛鳥美人」と呼ばれる人物画が見つかりました。国宝にも指定されています。東西の両壁それぞれに極彩色で四人ずつの女性と男性が描かれており（計一六名）、七世紀末～八世紀初頭頃の服装や宮中での生活を解明する手がかりとなりました。これらの二基とも、被葬者はわかっていません。

飛鳥歴史公園内にある高松塚古墳

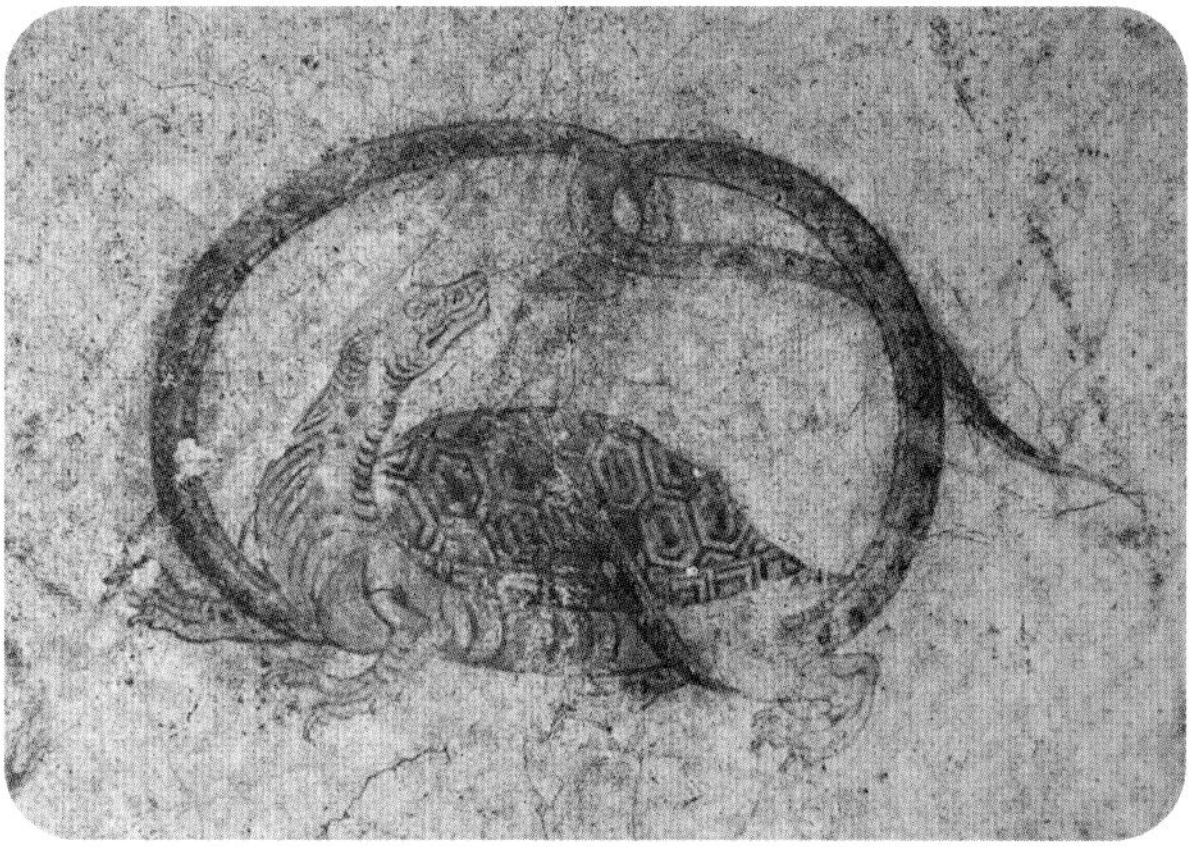

キトラ古墳の石槨内北壁の壁画『北壁玄武』（奈良文化財研究所蔵）

COLUMN

壁画古墳

装飾古墳とは、古墳の石室内部に動物や幾何学模様などが描かれている古墳のことです。おもに福岡県の王塚《おうづか》古墳（➡一四六ページ）、福島県の中田《なかた》横穴墓（➡四七ページ）などが挙げられます。石室に描かれた模様は、被葬者を邪悪な精霊から守る意味があると考えられています。

装飾古墳の一種として、壁画古墳があります。おもにキトラ古墳と高松塚古墳に代表されるような、朝鮮半島や中国の思想的影響を受けた壁画古墳は、これらの装飾古墳とは区別されます。

この二つの古墳が築造された時期には、大化《たいか》二年（六四六）に発布された薄葬令《はくそうれい》（身分に応じて墳墓の規模を制限する制度）があり、古墳は簡素化される傾向にありました。そんななか、豪華壮麗な壁画で彩られたこの二つの古墳は、突出した個性を放っています。

復元されたナガレ山古墳（河合町教育委員会提供）

特別史跡　国史跡　県史跡

馬見古墳群《うまみこふんぐん》

ヤマト政権を構成する有力勢力!?

重文

見て知る

乙女山古墳の模型（河合町教育委員会提供）

DATA

【時　代】四～六世紀
【大きさ】墳丘長最大約二二〇m
【所在地】奈良県葛城郡河合町、広陵町、大和高田市

「畿内《きない》五大古墳群」の一つ、大小二五〇基の古墳が密集

奈良盆地の西部の南北約七キロメートル、東西約三キロメートルという広範囲にわたって広がる馬見丘陵にある馬見古墳群は、古墳時代中期を中心に造営された古墳群です。古墳の総数は二五〇基以上あり、大和《おおやまと》・柳本《やなぎもと》古墳群（⬇一〇四ページ）、佐紀《さき》古墳群（⬇一〇八ページ）、古市《ふるいち》古墳群（⬇九四ページ）、百舌鳥《もず》古墳群（⬇九六ページ）とあわせて畿内五大古墳群と呼ばれています。

　現在は馬見丘陵公園として整備されて、多くの古墳が保存されています。めずらしい帆立貝形古墳である池上《いけがみ》古墳や乙女山《おとめやま》古墳（ともに五世紀前半の築造）の見学や、五世紀前半の築造当時の姿に復元されたナガレ山古墳は頂上まで登ることも可能です。

馬見古墳群の中で最大の巣山《すやま》古墳は国の特別史跡に指定されており、墳丘長約二二〇メートルの前方後円墳です。出土した埴輪《はにわ》から、大王墓が佐紀古墳群から河内《かわち》へ移動する時期の四世紀末頃に築造されたとみられています。

さらに周濠《しゅうごう》内には島状遺構を設け、水鳥形埴輪などが配置されている点は大阪府藤井寺《ふじいでら》市の津堂城山《つどうしろやま》古墳と似ています。周濠では葬送儀礼に使われたと考えられる船が出土しており、水と関わる祭祀《さいし》が行われていたとされます。

なお、佐味田宝塚《さみたたからづか》古墳で出土した三角縁神獣車馬鏡《さんかくぶちしんじゅうしゃばきょう》などは、重要文化財に指定されています。

古代豪族の葛城《かつらぎ》氏の拠点だった

馬見古墳群の周辺は、古代の有力豪族であった葛城氏が拠点を置いていた地域でした。五世紀頃の葛城氏はヤマト政権の中核を担《にな》うほどの権勢を誇っていました。

躍進の一因として、『日《に》本書紀《ほんしょき》』によれば、仁徳《にんとく》天皇の皇后である磐之媛命《いわのひめのみこと》が、ヤマト政権の朝鮮半島出兵で活躍したとされる葛城襲津彦《かつらぎそつびこ》の娘だったことが挙げられます。磐之媛命はその後三代続く、第一七代履中《りちゅう》天皇、第一八代反正《はんぜい》天皇、第一九代允恭《いんぎょう》天皇の母であったことから、葛城氏は外戚として権力を握ります。しかし、葛城氏の権力を危険視した第二一代雄略《ゆうりゃく》天皇に滅ぼされてしまいました。

馬見古墳群中最大の規模を誇る巣山古墳（広陵町教育委員会提供）

国史跡

新沢千塚古墳群《にいざわせんづかこふんぐん》

海外の豪華な副葬品が出土

重文

見て知る

新沢千塚古墳群の南群

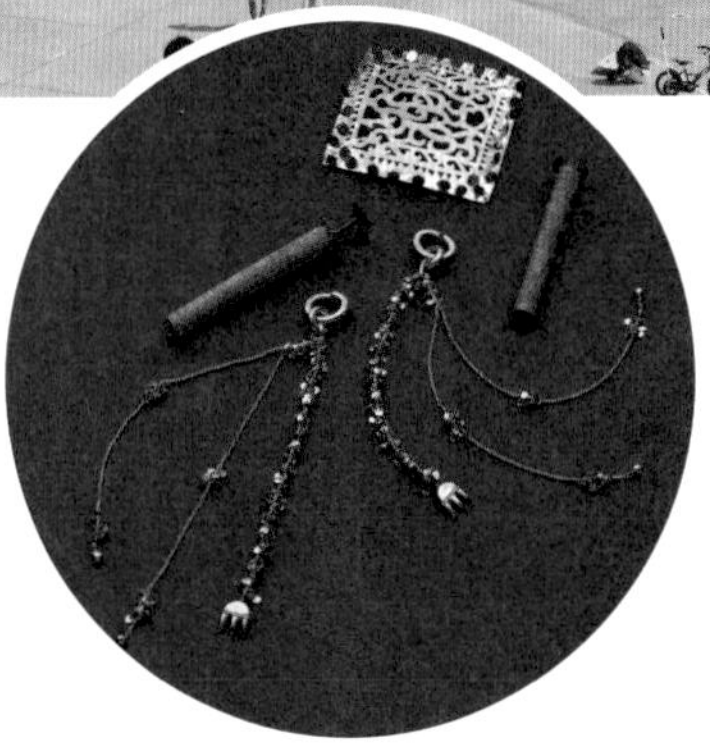

新沢千塚126号墳から出土した「金製方形板・金製垂飾付耳飾」（重要文化財・復元）。復元模造品（橿原市蔵）。原品は重要文化財（東京国立博物館蔵）

新沢千塚古墳群は、約六〇〇基もの古墳からなる群集墳です。最盛期は五世紀後半から六世紀後半です。大半が小型の円墳の木棺直葬《もっかんじきそう》で占められていますが、埋葬施設はほとんど見学できないので、同じ区域にある「歴史に憩う橿原《かしはら》市博物館」で予備知識を得てから見学するのがおすすめです。

新沢千塚古墳群で最も有名なのが新沢千塚一二六号墳です。五世紀後半頃に築かれた長方形墳で、ペルシア地方や朝鮮半島といった海外からもたらされた副葬品が多数出土し、重要文化財に指定されました。このような舶来品が比較的小規模な古墳から発見されることは異例で、被葬者は渡来人で外交に携わった人物と考えられています。

DATA

【時　代】 四世紀末～七世紀前半
【大きさ】 墳丘長最大約六二m
【所在地】 奈良県橿原市川西町、鳥屋町、北越智町

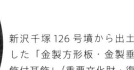

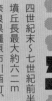

国史跡

乙訓古墳群《おとくにこふんぐん》

初期から終末期までの古墳が集まる

見て知る

乙訓古墳群にある物集女車塚《もずめくるまづか》古墳は AR（拡張現実）や VR（フル CG）を駆使したアプリを使って見学できる（向日市教育委員会提供）

乙訓地域で最大の前方後円墳・恵解山古墳

古代の乙訓地域は、京都盆地西部の桂川《かつらがわ》流域に位置し、大和《やまと》から日本海に通じる交通の要衝として栄えました。乙訓古墳群は、地域を支配した有力者が古墳時代初期から後期まで継続して古墳を営んだ類例のない古墳群です。

最も古い古墳は、三世紀中頃に築造されたと考えられている五塚原《いつかはら》古墳です。墳丘長九一メートルの前方後円墳で、墳丘全体が葺石《ふきいし》で覆われており、箸墓《はしはか》古墳と共通した墳形を見せるのが特徴です。古墳時代後期に築造された今里大塚《いまざとおおつか》古墳は石舞台《いしぶたい》古墳と同じような横穴式石室をもつ巨石墳です。天皇陵の調査に制限がある現在、乙訓古墳群は各時代の古墳の在り方を知る手がかりとして貴重な存在となっています。

DATA

【時　代】三世紀中頃〜七世紀
【大きさ】墳丘長最大約一二八m
【所在地】京都府向日市、長岡京市、乙訓郡大山崎町、京都市西京区

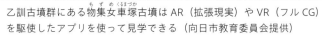

国史跡

蛭《え》子《びす》山《やま》古《こ》墳《ふん》・作《つくり》山《やま》古《こ》墳《ふん》群《ぐん》

権力者の丹後《たんご》半島支配を物語る

文化財

見て知る

作山古墳から蛭子山古墳を望む。手前にあるのは丹後型円筒埴輪

DATA

【時　代】四世紀後半～五世紀後半

【大きさ】（蛭子山古墳）墳丘長約一四五m、（作山古墳群）墳丘長最大約三〇m

【所在地】京都府与謝郡与謝野町明石

丹後地方独特の埴輪《はにわ》が出土した前方後円墳

蛭子山古墳は京都府北部、日本海に突き出た丹後半島のつけ根にある、墳丘長約一四五メートルの前方後円墳です。丹後型円筒埴輪と呼ばれる、この地方独特の円筒埴輪が並べられていました。

後円部には、舟形石棺《ふながたせっかん》が直葬されていました。棺内は盗掘されていましたが、中国製の内行花文鏡《ないこうかもんきょう》・鉄製大刀《たち》、棺外からは鉄製武器類が多数発見されました。これらの遺物より、蛭子山古墳の築造は古墳時代前期、四世紀後半頃と推定されます。被葬者は丹後地域を代表する首長であり、ヤマト政権と

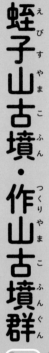

密接な関係があった人物と考えられています。

公園内に再現された約1600年前の築造当時の姿

蛭子山古墳に隣接して、同時期に築造されたとされる作山古墳群が位置しています。円墳の一・二号墳、方墳の三・五号墳、前方後円墳の四号墳の五基で構成されています。いずれも墳丘長約三〇メートル以下の、中・小規模の古墳です。

蛭子山古墳と作山古墳群を整備した与謝野町立古墳公園
(与謝野町観光協会提供)

作山一号墳からは、銅鏡や石製の腕輪、ガラス製の玉《たま》類、鉄製の武器類などが出土しています。また、蛭子山古墳と同じく、丹後型円筒埴輪も見つかりました。

現在、蛭子山古墳と作山古墳群は、与謝野《よさの》町立古墳公園として復元整備され、出土品は公園内の「古墳公園はにわ資料館」に収蔵展示されています。

COLUMN

舟形石棺

古墳時代の棺の一種で、石をくりぬいて棺身と蓋とをつくり、石棺の端が舟形のようになっていることから舟形石棺と呼ばれます。蓋に縄かけ突起をもつものが多いことも特徴です。

古墳時代後半頃から棺の材質が木棺から石棺へ移行していき、ヤマト政権と関係がある首長や身分が高い被葬者は長持形石棺で葬られるようになります。その後、石棺の主流は長持形石棺や舟形形石棺から家形石棺へと移行していきます。

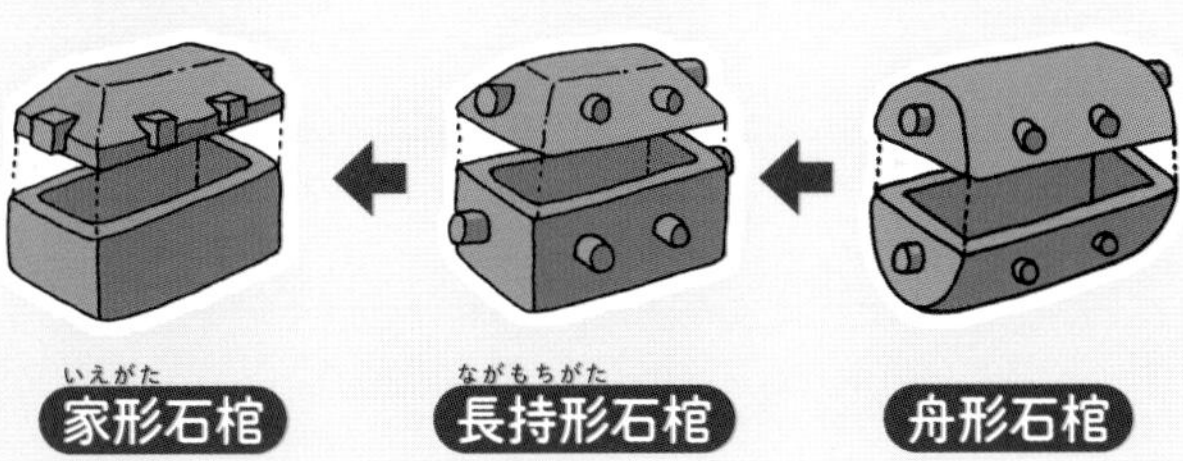

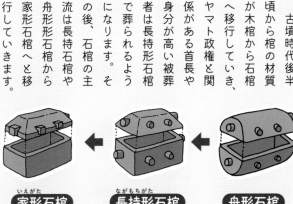

国史跡

京都府南部の巨大前方後円墳

久《く》津《つ》川《かわ》車《くるま》塚《づか》古《こ》墳《ふん》

重文

（城陽市教育委員会提供）

DATA

【時　代】五世紀前半
【大きさ】墳丘長約一七五m
【所在地】京都府城陽市平川車塚

古墳時代前期から後期にかけて、京都府宇治《うじ》市南部から城陽《じょうよう》市北部に約一五〇基の古墳が築造されたのが久津川古墳群です。なかでも最大規模を誇る古墳が、久津川車塚古墳です。現在は、古墳の東端部をＪＲ奈良線が通り、墳丘が分断した状態です。

後円部からは兵庫県加古川《かこがわ》下流域で産出される竜山石《たつやまいし》でつくられた、長持《ながもち》形石棺《がたせっかん》（➡一一七ページ）が見つかり、重要文化財に指定されて京都大学に保管されています。長持形石棺は、大山《だいせん》古墳（➡九六ページ）をはじめとする五世紀頃の王者の棺《ひつぎ》として近畿地方の大型古墳に用いられてきたことから、被葬者はヤマト政権との一画を担《にな》う大首長と考えられます。

(丹波篠山市教育委員会提供)

丹波《たんば》の支配を視覚的に表現

雲部車塚古墳《くもべくるまづかこふん》

DATA

【時　代】五世紀中頃
【大きさ】墳丘長約一四〇m
（推定復元約一五八m）
【所在地】兵庫県丹波篠山市東本荘七八二

兵庫県の丹波篠山《ささやま》市にある大型前方後円墳です。兵庫県では五色塚《ごしきづか》古墳（⬇一二〇ページ）に次いで二番目に大きく、篠山盆地から亀岡《かめおか》盆地へ抜ける重要な交通路上にあることから、その被葬者の権威を示すため、この地に巨大古墳が築造されたと考えられます。

後円部の墳頂に竪穴《たてあな》石室があり、平らな石積の壁面が赤く塗られていました。石室からは長持形石棺《ながもちがたせっかん》と大量の武器が出土しましたが、多量の鉄製武器・武具は、武力を誇示する目的で副葬されたと考えられています。

被葬者は不明ですが、宮内庁により四道《しどう》将軍の一人として丹波に派遣されたと伝承が残る丹波道主命《たにわのちぬしのみこと》の陵墓参考地とされています。

（神戸市文化財課提供）

国史跡

五色塚古墳《ごしきづかこふん》

明石《あかし》海峡の海運掌握を示す巨大前方後円墳

重文
文化財
見て知る

復元工事が行われた兵庫県最大の前方後円墳

五色塚古墳がある兵庫県神戸《こうべ》市垂水《たるみ》区の高台からは、明石海峡越しに淡路《あわじ》島《しま》を臨むことができます。この古墳は兵庫県最大の前方後円墳で、日本では最初に葺石《ふきいし》やテラスに並べられた埴輪《はにわ》列も含めた姿で、復元整備が行われた古墳として有名です。数多く出土した埴輪類は重要文化財に指定されています。

築造は四世紀後半と考えられており、同じ時代の大王墓とみられる奈良市の佐紀《さき》陵山《みささぎやま》古墳（全長約二〇七メートル➡二〇八ページ）に匹敵する大きさです。墳丘の葺石は近隣から採取したものと、

DATA
【時代】四世紀後半
【大きさ】墳丘長約一九四m
【所在地】兵庫県神戸市垂水区五色山四

対岸に見える淡路島北部から明石海峡を渡って運んだものが使用されており、これは『日本書紀《にほんしょき》』の神功《じんぐう》皇后の条にある、淡路島の石を運んで赤石《あかいし》（現在の明石市）に山陵を築くという記述と重なります。

明石海峡はアジア交易における海上の要衝だった

明石海峡は潮の流れが速く、海難事故も多い難所ですが、ヤマト政権は、それをおしても瀬戸内海《せとないかい》航路を使って中国大陸や朝鮮半島などの東アジアと交易したと考えられています。そのため、明石海峡は鉄素材などを入手するにあたり重要な場所でした。

被葬者は、この明石海峡の海上交通を掌握し、ヤマト政権と密接なつながりがあったこの地域の首長であろうと考えられています。

前方後円方墳の前方部は、出土した葺石を利用し再現されている

墳頂に埴輪が並ぶ様子から、「千壺《せんつぼ》古墳」と呼ばれている

COLUMN

葺石

古墳墳丘の斜面を覆う石のことを「葺石」と呼びます。大型前方後円墳に見られる葺石の最古の例の一つは、箸墓《はしはか》古墳（➡一〇四ページ）と考えられています。その後、古墳時代中期頃に前方後円墳の規模拡大に伴い、葺石の使用もピークを迎えます。

葺石には、盛土の流失を防いで聖域の境目を示す、防水や排水のためという実用的機能があります。一方で装飾の要素もありました。交通の要衝につくられた葺石で白く輝く構築物は、きわめて注目を集めるモニュメントでした。目にした誰もが、ヤマト政権の政治的権威を思い知ったことでしょう。

このように、前方後円墳の葺石は「見せる権威」の役目がありました。また、各地域の首長たちにとっては「ヤマト政権とのつながり」の象徴でもあったのです。

天王塚古墳の石室内（和歌山県立紀伊風土記の丘提供）

特別史跡

岩橋千塚古墳群《いわせせんづかこふんぐん》

八〇〇基以上！　国内最大規模の古墳群

見て知る

DATA

【時　代】四世紀末〜七世紀
【大きさ】墳丘長最大約八六m
【所在地】和歌山市岩橋、森小手穂、井辺、鳴神

岩橋千塚古墳群は、四世紀末から七世紀にかけて八〇〇基以上の古墳がつくられた群集墳です。この古墳群は、五世紀末からは竪穴《たてあな》石室や箱式石棺に加え、横穴式石室が見られるようになりました。特徴は緑泥片岩《りょくでいへんがん》を積み上げ、石棚や石梁《いしはり》を設けた高い天井の石室で、「岩橋型横穴式石室」と呼ばれています。古墳群で最大級の天王塚《てんのうづか》古墳の石室の高さは約五・九メートルもあります。

被葬者は古代豪族の紀氏《きし》一族と考えられています。古代の紀の川下流域は、中国や朝鮮半島との交易窓口としてヤマト政権にとって重要な地域でした。岩橋千塚古墳群周辺では朝鮮半島製の土器や装飾品が出土しています。

中国・四国エリア

国史跡

三《み》ツ《つ》城《じょう》古《こ》墳《ふん》

安芸国《あきのくに》大豪族の権勢を感じさせる

見て知る

丘陵の先端につくられた三基の古墳で構成

三ツ城古墳は、丘陵の先端を利用して築かれた三基の古墳からなる古墳群です。保存・復元工事が行われ、周辺は公園として整備されています。

第一号古墳は五世紀前半の築造で、広島県内最大級の前方後円墳です。三段築成となっており、墳丘長は約九二メートル、斜面は葺石《ふきいし》で覆われていました。周濠《しゅうごう》を備え、くびれ部両側に祭祀《さいし》用の造り出しも見られます。形《けい》象埴輪《しょうはにわ》や土師器《はじき》、須恵器《すえき》などが出土しており、復元された現在は、埴輪が約一八〇〇本並んでいます。

第二号古墳は直径約二五メートルの

DATA

【時代】五世紀前半～六世紀前半
【大きさ】墳丘長（一号墳）約九二m、直径（二号墳）約二五m、長径（三号墳）約八m
【所在地】広島県東広島市西条中央

三ツ城第１号墳と第２号墳からの出土品（東広島市教育委員会提供）

復元された三ツ城第１号墳（井出三千男撮影、東広島市教育委員会提供）

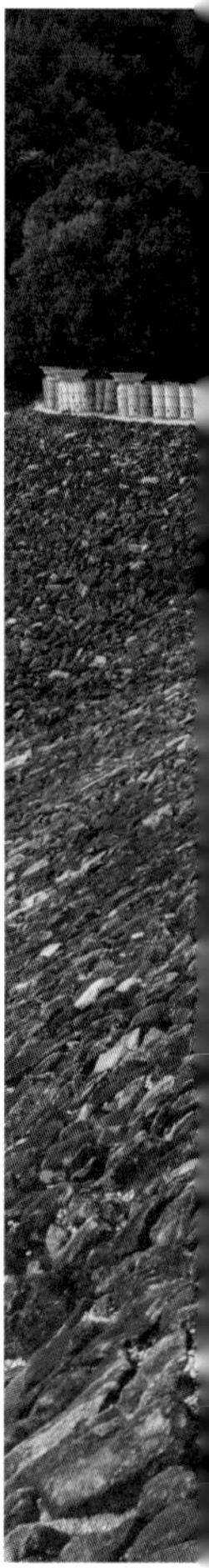

円墳です。築造は第一号墳と同じく五世紀前半ですが、こちらのほうが早かったことがわかっています。

第三号古墳も円墳ですが、長径約八メートル、短径約四メートルの楕円《だえん》形になっています。築造はほか二つからは期間が空き、六世紀前半です。

第一号墳の石室では有力豪族の遺体を確認

第一号古墳の後円部墳頂では、三基の箱形石棺《はこがたせっかん》が確認されています。そのうち二基は石で石棺の周囲を組み上げた二重構造となっていました。男女の人骨に加え、銅鏡や首飾り、鉄剣、鉾《ほこ》、鏃《やじり》などの副葬品が出土しています。

とくに男性は丁寧に葬られています。古墳群の中心的人物だと推測されており、安芸国（現在の広島県西部）の有力な豪族だと考えられます。

COLUMN

造り出し

前方後円墳のくびれ部などに、墳丘から突き出すように方形の壇状の施設がついている場合があります。これが造り出しです。造り出しからは、埴輪や土器類が出土します。

五世紀頃に築造された大型の前方後円墳に例が多い形式です。三ツ城第一号古墳にも見られます。

造り出しが付設された目的には諸説ありますが、円筒埴輪や形象埴輪が配列されていることから、祭祀の場だったという説が有力です。ただし、六世紀中頃につくられた奈良県の二塚《ふたづか》古墳のように、造り出し部に埋葬施設を備えていた例もあります。

単なる祭祀の場から埋葬施設へ、時代が下るにつれて性格を変えていった可能性もあります。

（新市町観光協会提供）

尾《お》市《いち》第《だい》一《いち》号《ごう》古《こ》墳《ふん》

唯一の横穴式十字石室をもつ八角墳

見て知る

横穴式十字石室（福山市提供）

尾市第一号古墳は、墳丘の裾に外護《がいご》列石《れっせき》がめぐっていて、その配置から八角墳と判明しました。八角墳は七〜八世紀に近畿地方で大王《おおきみ》（ヤマト政権の君主）の墓としてつくられており、一説にはこの古墳の被葬者も大王の関係者だと考えられています。

尾市第一号墳は横穴式十字石室をもつ唯一の古墳としても知られます。羨《せん》道《どう》（外部と玄室《げんしつ》間の通路）の奥で三方向に玄室が配されていて、上から見ると石室が十字形になっています。

三つの玄室内は、各壁が一枚石で組まれています。また、石材のくぼみや接合部に漆喰《しっくい》が確認できることから、築造当初は全体が漆喰で覆われていた白壁造だったと考えられています。

DATA

【時　代】七世紀後半
【大きさ】対角長約一〇・七m
【所在地】広島県福山市新市町常一八三

南側の石室内部
（岡山市教育委員会提供）

金蔵山古墳《かなぐらやまこふん》

海上交通を握った有力者の大古墳

見て知る

出土した導水施設形埴輪
（岡山市教育委員会提供）

竪穴石室（岡山市教育委員会提供）

岡山市の操山《みさおやま》丘陵上に位置する前方後円墳です。岡山県内最大の造山《つくりやま》古墳（➡一三〇ページ）より古く、築造当時は近畿を除く西日本では最大級の古墳だったと考えられています。

後円部墳頂から二基の竪穴《たてあな》石室が発見されており、玉や工具、武器、銅鏡など豊富な副葬品が出土しています。石室を囲む埴輪《はにわ》列、豊富な形象埴輪群が有名で、「導水施設形埴輪」も出土しています。令和五年（二〇二三）には、岡山県内最大となる直径約五〇センチの埴輪基底部も見つかりました。現在は倉敷《くらしき》考古館に展示されています。

当時は吉備《きび》の穴海《あなうみ》と呼ばれる内海に面していて、被葬者は海上交通を支配した有力者だったと考えられています。

DATA

【時　代】四世紀末〜五世紀初頭
【大きさ】墳丘長約一六五m
【所在地】岡山市中区沢田

日本遺産　国史跡

こうもり塚《づか》古《こ》墳《ふん》

近畿の古墳と共通の特徴をもつ巨石墳

見て知る

吉備国《きびのくに》勢力の墓域にある大型前方後円墳の一つ

総社《そうじゃ》市の作山《つくりやま》古墳の近くに位置する、六世紀末頃築造の前方後円墳です。作山古墳の周辺にはほかにも六世紀末頃築造の江崎《えざき》古墳などもあり、この一帯が長らく吉備国の勢力にとって特別な墓域だったことが感じられます。

空から見たこうもり塚古墳
(国土地理院提供)

DATA

【時　代】六世紀末
【大きさ】墳丘長約一〇〇m
【所在地】岡山県総社市上林

二段築成の古墳ですが、円筒埴輪《えんとうはにわ》や葺石《ふきいし》、周濠《しゅうごう》などはありませんでした。石室内に多くのコウモリが生息していたため、この名前がつきました。

中央との結びつきを示す有力首長の巨大石室

後円部からは、横穴式石室が見つかっています。全長約一九・四メートルにも達する巨大な石室で、巨石を組み合わせてつくられており、全国的に見ても三位の規模です。玉砂利《たまじゃり》が敷き詰められた石室内には、貝殻石灰岩の一枚岩をくりぬいてつくられた家形石棺《いえがたせっかん》、装飾性の高い県内最古級の陶棺《とうかん》、木棺の三種の棺《ひつぎ》が安置されていました。盗掘を受けてはいましたが、須恵器《すえき》や土師器《はじき》などの土器、装飾付大刀《たち》・馬具などの副葬品が見つかっています。

巨石を加工した横穴式石室、くりぬき式の家形石棺など、奈良県の石舞台《いしぶたい》古墳をはじめとした同時期の畿内の有力者のものとされる古墳と、多くの共通点が見られ、被葬者は吉備国の大首長だったと考えられています。

巨石が目を引く玄室

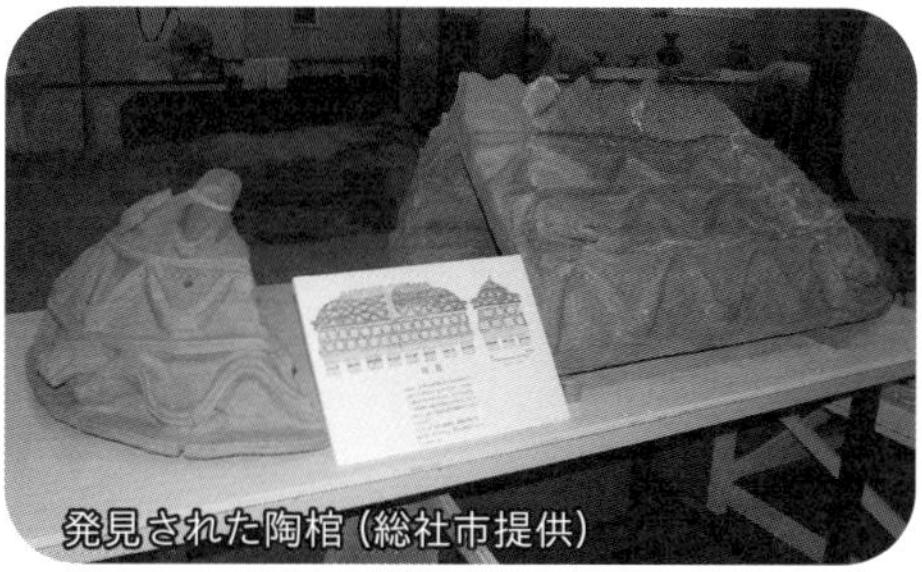
発見された陶棺（総社市提供）

COLUMN

横穴式石室

横穴式石室とは、古墳の側面に入口がある石室のことです。遺体を安置する玄室《げんしつ》とそれにつながる通路の羨道《せんどう》を持ちます。竪穴《たてあな》石室より追葬《ついそう》や合葬《がっそう》が容易で、玄室内に複数の棺が見つかる場合が一般的です。古墳時代後期の六世紀～七世紀に多く見られる埋葬施設です。

石室の種類には、羨道幅より玄室幅が両側に広い両袖式《りょうそでしき》、片《かた》側に広い片袖式《そでしき》、羨道と同じ幅の無袖式《むそでしき》、前室と後室がある複室構造などがあります。

六世紀以降につくられた古墳は、全国的に横穴式石室に画一化していきました。

こうもり塚古墳の石室

日本遺産　国史跡

造山古墳《つくりやまこふん》・作山古墳《つくりやまこふん》

立ち入り可能な古墳では日本最大

見て知る

造山古墳

DATA

【時代】（造山古墳）五世紀前半、（作山古墳）五世紀中頃

【大きさ】墳丘長（造山古墳）約三五〇m、（作山古墳）約二八二m

【所在地】（造山古墳）岡山市北区新庄下、（作山古墳）岡山県総社市三須

造山古墳は岡山県下最大、全国で四位の規模を誇る巨大な前方後円墳です。周辺には陪塚《ばいちょう》（大古墳に従属する古墳）とされる古墳六基を伴います。大首長の墳墓と考えられていて、古代吉備国《きびのくに》（現在の岡山県と広島県東部辺り）に大勢力が存在したことを示します。

造山古墳から西に四キロほどの場所に位置する作山古墳も、岡山県第二位の規模で、全国一〇位の大型前方後円墳です。造山古墳の次代の首長の墓と考えられています。墳丘を長く見せるためか、前端に台形の突出部があり、後円部が楕円《だえん》形となっています。両古墳は天皇陵に治定されていないため墳丘に立ち入り可能で、登れる古墳としては日本最大です。

国史跡

梶山古墳《かじやまこふん》

鮮やかな彩色壁画が残る八角墳

見て知る

（鳥取市因幡万葉歴史館提供）

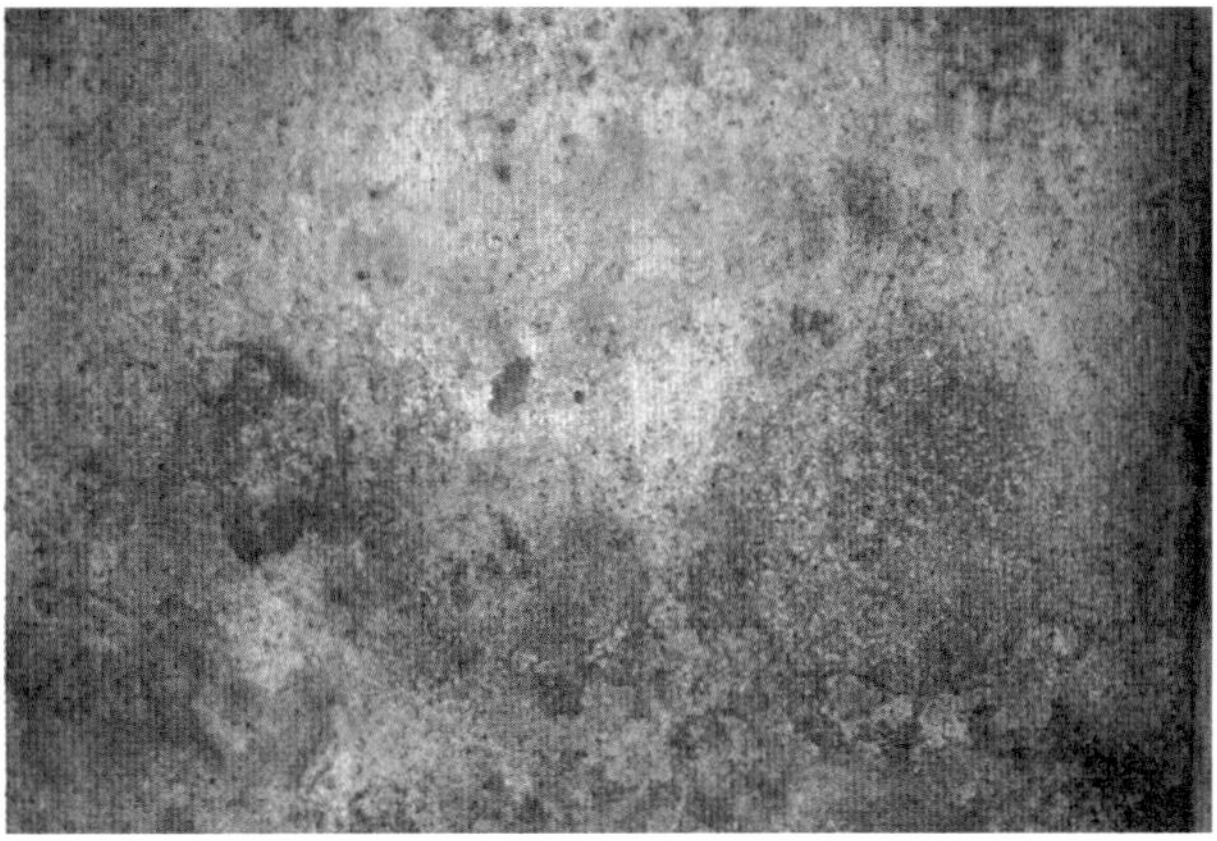
中国地方で初の発見となる彩色壁画（鳥取市教育委員会提供）

梶山の小高い丘に位置する古墳です。古くから開口していて、第二次世界大戦中には、防空壕《ぼうくうごう》として使用されました。かつては円墳と推測されていましたが、平成三年（一九九一）からの発掘調査により、石垣のような段をもつ変形八角墳であることが明らかになっています。

内部には凝灰岩《ぎょうかいがん》の切石でつくられた横穴式石室があり、玄室《げんしつ》、前室、そして羨道《せんどう》に分かれています。

石室からは、中国地方で初となる彩色壁画が発見されており、発見時には全国から注目を集めました。奥の壁に魚の絵や曲線文、同心円文、三角文などが描かれています。

DATA

【時　代】七世紀
【大きさ】対角長約一七m
【所在地】鳥取市国府町岡益

※例年10月頃内部公開

国史跡

向山古墳群《むこうやまこふんぐん》

二つの丘周辺に集まった歴代首長の系譜

重文

見て知る

岩屋古墳の横穴式石室

石馬谷古墳から出土した石馬。重要文化財に指定されている（米子市教育委員会提供）

米子《よなご》市東部に位置するこの古墳群は、前方後円墳九基を含む、一七基の古墳で構成されています。なかでも最大規模のものが、前方後円墳の向山四号墳で、墳丘長は約六四・五メートルに及びます。墳丘くびれ部分の東側と前方部前部にある造り出し、墳丘を取り囲むように配置された葺石《ふきいし》が特徴です。

ことに注目されるのが石馬谷《いしうまだに》古墳から出土し、近隣の天神垣《あめのかみがき》神社に収蔵されている「石馬」で、全国で二例しか発見されておらず、国の重文です。

古墳群の一部には、この地域の首長が埋葬されたと推定されています。古い順に向山四号墳、長者ケ平《ちょうじゃがなる》古墳、石馬谷古墳、岩屋《いわや》古墳の四つで、地域の歴史を知るうえで貴重な遺跡です。

DATA

【時代】五世紀後半〜六世紀後半

【大きさ】墳丘長最大約六四・五m

【所在地】鳥取県米子市淀江町福岡

国史跡

今市大念寺古墳《いまいちだいねんじこふん》

高い築造技術を誇る出雲《いずも》有力者の墓

文化財

見て知る

(出雲弥生の森博物館提供)

仏光山《ぶっこうざん》大念寺《だいねんじ》の境内《けいだい》の裏山に築造された、県内最大の前方後円墳です。

江戸《えど》時代の文政《ぶんせい》九年（一八二六）に発見され、全長約一三メートルの石室からは、大小二基の家形石棺《いえがたせっかん》、金銅製《こんどうせい》履《くつ》、大刀《たち》、槍《やり》、土器などが出土し、一部は大念寺に保管されています。とくに大きなほうの家形石棺は日本一の大きさで、重さは一〇トンほどになると推定されています。

昭和六一年（一九八六）の発掘調査により、石室、後円部、前方部の順で築造されたという工程が判明しました。築造技術の高さ、巨石の使用、豊富な副葬品などから出雲地方の権力者の墓だと考えられています。

DATA

【時　代】六世紀後半
【大きさ】墳丘長約九二m
【所在地】島根県出雲市今市町鷹の沢一六九六

※石室の見学は要連絡

国史跡

山代二子塚古墳《やましろふたごづかこふん》

「前方後方墳」と呼ばれた最初の古墳

見て知る

DATA

【時　代】六世紀中頃
【大きさ】墳丘長約九二m
【所在地】島根県松江市山代町四七〇－一

一度は三分の一が削られた大型の前方後方墳

山代二子塚古墳は、松江市茶臼山《ちゃうすやま》の北西の台地上にある大型の前方後方墳です。西側の大庭《おおば》鶏塚《にわとりづか》古墳、東側の山代方墳や山代原《はら》古墳とともに山代・大庭古墳群を構成しています。

明治時代に陸軍施設建設のために後方部が約三分の一ほど削られましたが、現在は復元されています。「前方後方墳」という名前が全国で最初につけられた古墳としても知られています。

出雲《いづも》東部独特の「出雲型子持壺」

二段築成の墳丘からは円筒埴輪《えんとうはにわ》が出

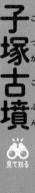

横穴式石室（島根県立八雲立つ風土記の丘提供）

出雲型子持壺（島根大学考古学研究所・松江市・島根県教育委員会蔵、島根県古代文化センター提供）

土しており、築造当初は円筒埴輪が並べられていたと考えられています。

また、「出雲型子持壺」と呼ばれる須恵器《すえき》も出土しています。脚台をつけた壺の上に複数の小さな壺を乗せたような形状をしており、多くのものは壺の底がありません。出雲東部だけで見つかっている形状で、祭祀《さいし》に使用されたものだと考えられています。

墳丘の内部は未調査であるため、詳細についてはわかっていませんが、レーザー探査により横穴式石室の存在が予測されています。墳墓の規模や遺物から、出雲東部をまとめた大豪族が埋葬されたと考えられています。

COLUMN

家形石棺《いえがたせっかん》

五世紀後半から七世紀中頃にかけて発達した埋葬用石棺の一種です。蓋石《ふたいし》が家のような形をしていることからこう呼ばれています。

被葬者を埋葬する石棺の底石は箱型になっていますが、くりぬき式のものと、側面と底の石材を組み合わせて箱状にしたものとがあります。出雲市の今市大念寺古墳《いまいちだいねんじこふん》（➡一三三ページ）からは、くりぬき式の横口式家形石棺と、組み合わせ式の石棺（底部のみ現存）の両タイプが発見されました。

蓋部分は、屋根状に中央が盛り上がった形となっています。ふたの屋根状になっているところには、縄掛《なわかけ》突起と呼ばれる突出部が見られます。

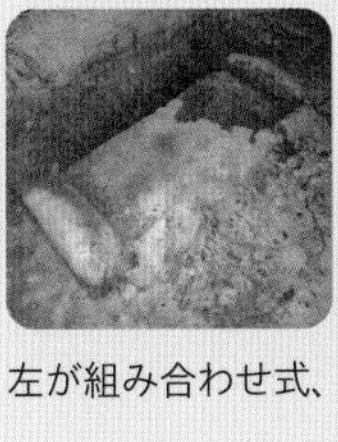

左が組み合わせ式、右がくりぬき式

国史跡

日本最大級の銅鏡が発見された 柳井茶臼山古墳《やないちゃうすやまこふん》

重文

見て知る

単頭双胴怪獣鏡（鼉龍鏡）（東京国立博物館蔵、ColBase:https://colbase.nich.go.jp）

明治二五年（一八九二）に地元の少年二人が偶然発見した古墳で、標高八〇メートルの向山《むかいやま》を削って築造されています。後円部が三段、前方部が二段築成の前方後円墳で、東側のくびれ部分に造り出しがあります。公園の整備事業によって古墳全体が葺石《ふきいし》で覆われ、円筒埴輪《えんとうはにわ》や形象埴輪が並べられて築造時に近い姿へ復元されています。

明治時代に後円部の竪穴《たてあな》石室から銅鏡五面、銅鏃《どうぞく》、鉄鏃《てつぞく》、刀剣などが出土しました。銅鏡四面と銅鏃が現存します。出土鏡のうち「単頭双胴怪獣鏡（鼉龍鏡《だりゅうきょう》）」は、直径四四・八センチで、古墳から出土した鏡としては日本最大級です。国の重文に指定され、東京国立博物館に保存されています。

DATA

【時代】四世紀末〜五世紀初頭

【大きさ】墳丘長約九〇m

【所在地】山口県柳井市柳井字向山三〇五

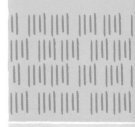

国史跡

富《とみ》田《だ》茶《ちゃ》臼《うす》山《やま》古《こ》墳《ふん》

陪塚《ばいちょう》を従える四国一の巨大古墳

見て知る

DATA

【時　代】五世紀前半
【大きさ】墳丘長約一三九m
【所在地】香川県さぬき市大川町富田中

長尾《ながお》平野の東端に位置する、四国最大の前方後円墳です。三段築成で、二、三段目には葺石《ふきいし》が敷かれ、平坦部には円筒埴輪《えんとうはにわ》などが列をなしていたと考えられています。埋葬施設は未調査のため不明です。

周濠《しゅうごう》を含めた全長は約一六三メートルです。この古墳の西側に陪塚と考えられる三基の方墳があります。こうした点を含め、大山《だいせん》古墳（仁徳《にんとく》天皇陵➡九六ページ）など古墳時代中期に畿内でつくられた大型前方後円墳と共通点の多い古墳といえます。

富田茶臼山古墳が位置するのは、津《つ》田湾《だわん》に近く、物流が集約する交通の要衝です。被葬者の権威を誇示するために築造したと考えられます。

石清尾山の航空写真（国土地理院提供）

国史跡

石《いわ》清《せ》尾《お》山《やま》古《こ》墳《ふん》群《ぐん》

積石塚を中心とした讃岐《さぬき》の大古墳群

見て知る

DATA

【時　代】三世紀中頃～七世紀前半
【大きさ】墳丘長最大約九六m
【所在地】香川県高松市峰山町、室町、宮脇町、西春日町、鶴市町、西宝町

日本最古級の前方後円墳と有力者のくりぬき式石棺

石清尾山古墳群は、高松《たかまつ》市内中心街の南西にある石清尾山に分布する二〇〇基以上の古墳の総称です。三世紀中頃～七世紀前半にかけて築造された古墳が集まっており、一〇基以上が国指定史跡となっています。

石清尾山は、古墳時代の初めにはすでに前方後円墳が出現していた地域でした。鶴尾神社《つるおじんじゃ》四号墳（三世紀中頃、墳丘長約四〇メートル）は、しゃもじ形をした日本最古級の前方後円墳です。さらに時代を下ったものには、石船塚《いしふねづか》古墳（四世紀後半、墳丘長約五七メートル）があります。発見されたくりぬき式石《せっ》

くりぬき式石棺（高松市提供）

棺《かん》は、四～五世紀の讃岐《さぬき》地方の有力者たちの古墳と共通しています。これらの前方後円墳は、石で築かれた積石塚《つみいしづか》です。

珍しい双方中円墳 積石塚から盛土墳への変化

猫塚《ねこづか》古墳（四世紀前半、墳丘長約九六メートル）と鏡塚《かがみづか》古墳（四世紀前半、墳丘長約七〇メートル）、稲荷山北端一号墳（三世紀後半、墳丘長約七〇メートル）は、真ん中が円形で両端が方形となっている全国でも珍しい「双方中円墳」です。ともに積石で構築された積石塚です。猫塚は、古墳群の中で最大規模を誇り、中円部の竪穴《たてあな》石室から銅鏡や銅剣など多くの副葬品が出土しています。

四世紀後半頃を最後に積石塚古墳は消えていきます。その後、六世紀になって横穴式石室をもつ盛土でできた古墳が現れました。こちらは集落レベルの有力者の墳墓だと考えられています。

石清尾山二号墳（六～七世紀初頭、直径約十メートル）は、盛土でできた円墳です。奥壁や天井に巨石が使用された横穴式石室をもっていました。金環《きんかん》や須恵器《すえき》などが出土しています。

石清尾山２号墳（高松市提供）

石船塚古墳の空撮（高松市提供）

国史跡

渋野丸山古墳《しぶのまるやまこふん》

築造当時の社会を読み解くカギ

見て知る

出土した円筒埴輪（徳島市立考古資料館蔵）

徳島市南部に位置するこの古墳は、丘陵の尾根の先端を切断して築造されました。一部が道路で削られていますが、墳丘長約一〇五メートルの三段築成の前方後円墳です。徳島県内で最大、四国では二番目の規模で、周濠《しゅうごう》を含めた総長は約一一八メートルです。

円筒埴輪《えんとうはにわ》、形象埴輪、ざる型土器などが出土しています。くびれ部にある造り出しも、畿内の大型前方後円墳と共通する特徴で、四国では渋野丸山古墳のみに見られます。

これ以降、徳島県では前方後円墳が築造されていないこと、畿内の古墳との類似点などから、当時の社会状況や畿内との関係を知るうえで貴重な古墳だと考えられています。

DATA

【時代】五世紀前半
【大きさ】墳丘長約一〇五m
【所在地】徳島市渋野町三ツ岩

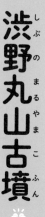

国史跡

葉《は》佐《ざ》池《いけ》古《こ》墳《ふん》

未盗掘石室が伝える葬送儀礼

見て知る

発掘された石室（松山市考古館提供）

道後《どうご》平野の北東部の丘陵上に位置する楕円形の古墳です。三基の横穴式石室と二基の竪穴《たてあな》石室が未盗掘の状態で発見されました。横穴式石室のうち一号石室と二号石室が調査され、それぞれから死後一四〇〇年以上を経た三体分の人骨と木棺の残欠が見つかりました。古墳が築造された六世紀中頃以降、七世紀初頭にかけて、次々と人が追葬されていたのです。

一号石室の人骨に多量に付着していたハエのサナギの殻は、被葬者が死後七～一〇日経《た》ってから埋葬されたことを証明しました。古墳時代後期の葬送儀礼であるモガリ（死者を一定期間仮安置したのち埋葬する）や古墳を知るうえで貴重な情報が詰まった古墳です。

DATA

【時　代】六世紀中頃
【大きさ】墳丘長約四一m
【所在地】愛媛県松山市北梅本町甲二四五五

県史跡

朝倉古墳《あさくらこふん》

古代勢力を示す高知最後の大型古墳

DATA

【時　代】七世紀前半

【大きさ】不明（全長一四m以上）

【所在地】高知市朝倉

赤鬼山《あかぎやま》西南端の南方に突出した小丘陵中腹にある古墳です。明治時代初頭の開墾によって発見されました。

円墳だったといわれる墳丘は開墾時に削られたため、巨石を用いた横穴式石室が露出しています。須恵器《すえき》、馬具、鉄鏃《てつぞく》が出土したとされますが、現在は行方不明となっています。

朝倉古墳は、高知県南国《なんごく》市にある七世紀初頭に築造された小蓮《こはす》古墳と明《みょう》見彦山《けんひこやま》一号墳に並ぶ「土佐《とさ》三大古墳」の一つです。調査により、築造年代が土佐三大古墳のほか二基よりも二〇～三〇年新しく、高知県内で築造された最後の大型古墳であることが判明しました。

九州エリア

国史跡

宮地嶽古墳《みやじだけこふん》

信仰の場として生きる巨石墳

国宝

見て知る

石室内部
（福津市提供）

DATA

【時　代】七世紀中頃
【大きさ】直径約三四m
【所在地】福岡県福津市宮司元町七ー一

内部に入れるものでは日本最大の横穴式石室

福津《ふくつ》市宮司《みやじ》に位置する宮地嶽《みやじだけ》南斜面に宮地嶽古墳はあります。この場所は宮地嶽神社の境内で、古墳の横穴式石室の玄室《げんしつ》に不動明王《ふどうみょうおう》がまつられ、奥《おく》之宮《のみや》の一つとされています。

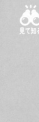

築造は七世紀中頃の古墳時代終末期で、横穴式石室は五メートルを超える巨岩を使ってつくられていて、全長は約二三メートルです。奈良県橿原《かしはら》市にある全長約二八メートルの見瀬丸山《みせまるやま》古墳の石室に次ぐ、日本で二番目の大きさの石室です。

通常は古墳の前からの参拝ですが、例年一月二八日、二月二八日、七月二

八日の年に三度だけ、石室内での参拝が許されています。内部に入れる石室としては日本最大です。

「地下の正倉院《しょうそういん》」宮地嶽古墳の財宝

宮地嶽古墳の石室は、江戸《えど》時代末に発見されました。金銅製の馬具、刀装具、冠《かんむり》、ガラス製品などの副葬品が見つかっています。その数は三〇〇点を超え、終末期古墳のなかではほかに類を見ません。

金銅で覆われた豪華な馬具は、美しい文様を薄肉彫り《うすにくぼ》した装飾性の高いものです。とくにつる草を図案化した忍《にん》冬唐草文《どうからくさ》の「金銅壺鐙《こんどうつぼあぶみ》」は非常に優美です。また刀装具としては、推定全長二・八メートルという巨大な刀「金銅装頭《こんどうそうかぶ》椎《つちの》大刀《たち》」が著名です。精巧な雲と龍を図案化した透彫りが美しい「金銅宝冠《こんどうほうかん》」、シルクロードを経て渡来したと考えられるガラス製の「緑《みどり》瑠《る》璃板《りいた》」なども、華やかな副葬品を構成する品々です。

大陸との交流をうかがわせる多様で希少な遺物をもつことから、宮地嶽古墳は「地下の正倉院」とも呼ばれます。副葬品は、昭和二七年（一九五二）に一括して国宝指定されました。

巨大石室と豪華な副葬品からは、被葬者氏族の当時の繁栄がうかがえます。

国宝の金銅壺鐙（宮地嶽神社所蔵、画像提供：東京国立博物館　Image：TNM Image Archives）

COLUMN

巨石墳

古墳などの埋葬施設やその周囲に巨石を用いた墳墓のことを巨石墳と呼びます。世界的には、ヨーロッパ西部のものが有名です。東アジアやインドなど世界の他地域にも巨石を用いた墳墓の存在が多く確認されています。

ただし世界の巨石墳は、巨大な石を用いた記念物的な扱いのものが多くを占めます。一方で日本の古墳は、巨石を用いた墓室を設けて墳丘の中に埋め込まれています。じつは世界的に見ると珍しい例といえます。

九州地方においては、六世紀後半頃から、また畿内では奈良県高市《たかいち》郡明日香《あすか》村の石舞台《いしぶたい》古墳（➡一〇六ページ）に代表されるように、六世紀後半〜七世紀前半頃から横穴式石室が一気に大型化しています。宮地嶽古墳の巨石墳の成立もそれらと時期が一致しています。

特別史跡

王《おう》塚《づか》古《こ》墳《ふん》

重文

見て知る

華やかな装飾古墳の代表格

前室（再現）

王塚古墳は、遠賀《おんが》川上流の穂波《ほなみ》川中流東岸にある前方後円墳で、周囲には周濠《しゅうごう》と周堤《しゅうてい》がめぐっています。昭和九年（一九三四）の採土工事中に発見されました。

横穴式石室からは、鮮やかで豪《ごう》華《か》絢《けん》爛《らん》な壁画が発見されました。石室内部のほぼ全面が、騎馬像や盾《たて》、わらび手文や同心円文・三角文などの幾何学模様で埋め尽くされています。赤や黄、白、黒、緑、灰色が使われていて、非常に鮮やかです。

未盗掘の石室から、緻密なつくりの馬具をはじめ、銅鏡や装飾品など一〇〇点以上の副葬品が発見されました。すべてが重要文化財に指定され、王塚装飾古墳館で展示されています。

DATA

【時　代】六世紀中頃
【大きさ】墳丘長約八六m
【所在地】福岡県嘉穂郡桂川町大字寿命

世界遺産　国史跡

新原《しんばる》・奴山《ぬやま》古墳群《こふんぐん》

神宿る島の守り手が眠る

文化財

見て知る

4号墳から出土した刀子《とうす》
（九州歴史資料館蔵）

DATA

【時代】五世紀～六世紀
【大きさ】墳丘長最大約八〇m
【所在地】福岡県福津市勝浦新原、奴山

沖ノ島《おきのしま》を臨む台地上に築かれた、古代豪族として有名な宗像《むなかた》氏の墳墓群です。築造された当時は入海《いりうみ》に面しており、海上の沖ノ島まで一望できたようです。宗像氏は、神話の時代から沖ノ島祭祀《さいし》をつかさどり、玄界灘《げんかいなだ》周辺の海洋交通を支配した一族です。そうした関係から、沖ノ島が「〈神宿る島〉宗像・沖ノ島と関連遺産群」として世界文化遺産となった際、この古墳群も関連資産として登録されました。

長期にわたって、さまざまな古墳が築かれました。前方後円墳五基、円墳三五基、方墳一基の計四一基が現存しています。五世紀に築造された方墳の七号墳からは、沖ノ島祭祀でも用いられた鉄斧《てつおの》が発見されています。

竹《たけ》並《なみ》横《よこ》穴《あな》墓《ぼ》群《ぐん》

多数の横穴墓が示す古墳時代の社会

発掘当時の写真（行橋市教育委員会提供）

DATA

【時　代】五世紀後半～八世紀前半
【大きさ】不明
【所在地】福岡県行橋市大字竹並、南泉周辺

竹並遺跡群を構成する九四八基の横穴墓群

行橋《ゆくはし》市には竹並と矢留《やどみ》地区にまたがる標高約五〇メートルのなだらかな台地があります。その台地上に広がるのが、弥生時代から古墳時代にかけての複合遺跡である竹並遺跡群です。遺跡群には弥生時代中期の住居跡や貯蔵穴、古墳時代前期の小古墳群、古墳時代後期の横穴式石室をもつ群集墳などが含まれています。竹並横穴墓群もこれらとともに遺跡群を構成しています。

　このエリアは、行橋市教育委員会・竹並遺跡調査会によって昭和四九～五一年（一九七四～七六）にかけて、三度の発掘調査が実施され、九四八基の横

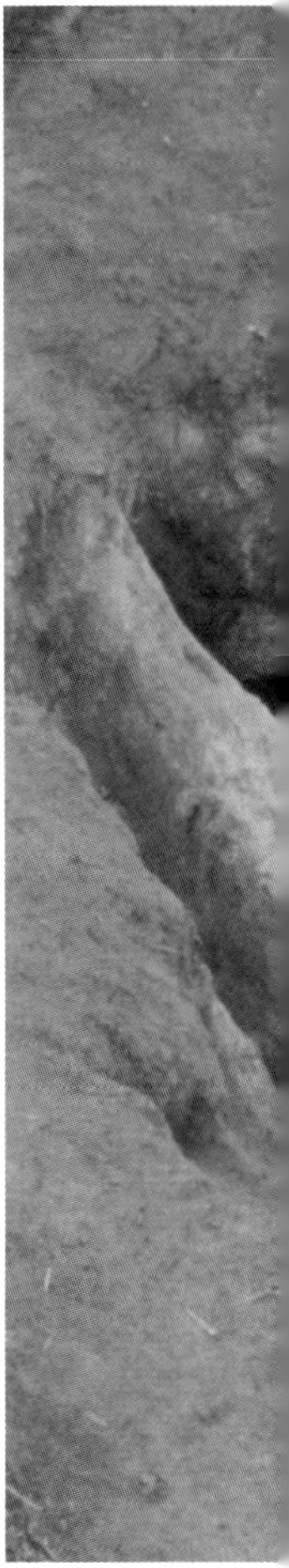

穴墓が発見されています。調査以前に破壊されていた横穴墓、未調査分を含めると、本来は約一〇〇〇基ほどあったと考えられています。

副葬品や人骨から探る古墳時代後期の社会構造

発掘調査では、鏡や飾り具、大刀《たち》、刀剣、馬具、須恵器《すえき》などが出土しました。豊富な副葬品とその解析により、竹並横穴墓群全体が五世紀後半から八世紀前半まで連続して築造されたことが判明しています。

また、発見された二一四体分の人骨は、被葬者集団の属性などを知る大きな助けとなりました。

小規模な発掘では解明できなかった、横穴墓群としてのまとまりが明らかになり、地上での目印として墳丘をもつ横穴墓の存在も確認され、古墳時代の埋葬文化や社会状況についてさらなる研究が進められています。

竹並横穴墓群は、古墳時代後期における社会構造を理解するための貴重な学術データを提供する遺跡といえます。

発掘当時の空撮（行橋市教育委員会提供）

竹並横穴墓群から出土したと伝わる須恵器の壺（九州国立博物館蔵、ColBase:https://colbase.nich.go.jp）

COLUMN

横穴墓

横穴墓とは、主に古墳時代後期から終末期につくられた墓です。古墳は土を盛って築造されますが、横穴墓の場合は丘陵の斜面や崖に横からトンネルのように穴を掘ってつくり、その中に遺体を安置しました。

横穴墓の構造や形態はさまざまですが、基本構造は内部施設として遺体を安置する玄室《げんしつ》と横穴墓の入口から玄室へ続く羨道《せんどう》で構成されます。外部施設としては、入口にある墓前祭祀《さいし》の場とされる前庭部があります。

広場状になっている前庭部付近では、土器などの遺物も多く発見されています。また、玄室との区別が明瞭ではないものもあります。

国史跡

亀塚古墳《かめづかこふん》

海部《あまべ》の民《たみ》を支配した首長が眠る

見て知る

DATA

【時代】五世紀初頭
【大きさ】墳丘長約一一六m
【所在地】大分市大字里六四六ー一

大分県内最大級の前方後円墳です。大分市の試算によると、築造には約二年半の期間、延べ約一六万七〇〇〇人分の労力、さらに現代のお金に換算して約一八億八五〇〇万円もの費用が必要だったと推定されています。

後円部に円筒埴輪《えんとうはにわ》が並べられ、内部には箱式石棺《はこしきせっかん》が二か所に納められていました。埴輪には貝や船の文様が描かれ、墳墓と海との深い関係が示唆《しさ》されています。盗掘を受けながらも、三〇〇点を超える玉《たま》類なども出土しました。

海岸部につくられたこの大古墳は、優れた航海術でヤマト政権の重要な役割を担《にな》った海部《あまべ》の民とこの地方を支配した、首長の墓だったと考えられています。

赤塚古墳（宇佐市教育委員会提供）

国史跡

川部《かわべ》・高森古墳群《たかもりこふんぐん》

九州最古級の前方後円墳を擁する

重文

見て知る

免ヶ平古墳出土品
（大分県立歴史博物館蔵）

三角縁神獣鏡
（京都国立物館蔵）

DATA

【時　代】三世紀後半～六世紀
【大きさ】墳丘長最大約八〇m
【所在地】大分県宇佐市大字高森字京塚市川部、高森

宇佐《うさ》市北部の「宇佐風土記《うさふどき》の丘」にある古墳群です。三～六世紀にかけて築造された六基の前方後円墳、一基の円墳を中心に、約一二〇基の小円墳や方形周溝墓などが集中しています。

そのうち赤塚《あかつか》古墳は三世紀後半の築造で、九州北部で最古級の古墳です。後円部中央で見つかった箱式石棺《はこしきせっかん》から、石棺の壁に立てかけられた状態の「三《さん》角縁神獣鏡《かくぶちしんじゅうきょう》」五面が発見され、同じ鋳型を用いた鏡が出土したほかの地域の古墳との関連が注目されています。また、四世紀後半に築造された免ヶ平《めんがひら》古墳の出土品は重要文化財に指定されています。被葬者はヤマト政権と関係が深く、宇佐地方を支配した宇佐国造《くにのみやつこ》家の一族と考えられています。

日本遺産　国史跡

江田船山古墳《えたふなやまこふん》

日本最古級の銘文を伝えた前方後円墳

国宝

見て知る

DATA

【時　代】五世紀後半

【大きさ】墳丘長約六二m

【所在地】熊本県玉名郡和水町江田三七〇

武装石人《ぶそうせきじん》も発見された清原《せいばる》古墳群の中心的墳墓

菊池《きくち》川左岸にある標高二八メートルの清原《せいばる》台地に所在する清原古墳群の中で最も古く、大きな前方後円墳です。周濠《しゅうごう》がめぐり、くびれ部の両側に造り出しがあります。周濠内からは朝顔《あさがお》形《がた》円筒《えんとう》埴輪《はにわ》を含む円筒埴輪が出土しており、周囲からは九州で比較的多く出土している「武装石人」という石製の武装した人物像や、石製腰掛、石製家なども発見されています。

　後円部のほぼ中央に横口式家形石棺《よこぐちしきいえがたせっかん》が埋設されていて、短い羨道《せんどう》があります。入口の両側には二枚の切石が並びます。設置されている石棺は、当初は全面が朱色に塗られていたと考えられていて、現在も石棺や縄掛突起《なわかけとっき》には部分的に朱色の顔料が確認されています。

すべてが国宝に指定された貴重な副葬品

明治六年（一八七三）、地元の民による発掘で石棺とその副葬品が発見されました。刀剣類や銅鏡、冠帽《かんぼう》類、耳環《じかん》、玉《たま》類、武具類、馬具類、須恵器《すえき》など出土した遺物はただちに国によって買い上げられました。昭和四〇年（一九六五）には九二件の出土品すべてが国宝指定となり、現在は東京国立博物館に保管展示されています。

副葬品には中国や朝鮮半島系の遺物も多く含まれ、被葬者が海外との交流を広く行っていたことを示す貴重な資料となっています。とりわけ江田船山古墳の名を世間に知らしめた出土品は、「銀象嵌銘大刀《ぎんぞうがんめいたち》」です。刀に銀で象嵌された七五文字の金石文《きんせきぶん》は、埼玉県の稲荷山《いなりやま》古墳出土の「金錯銘鉄剣《きんさくめいてっけん》」（国宝）と並んで、日本最古級の記録的文章であり、古代史研究上の第一級史料です。

石室は自由に見学可能（和水町教育委員会提供）

COLUMN

金石文

金属や石材に刻んだ銘文《めいぶん》のことを金石文と呼びます。金属の場合は、金属板・器物・記念物などへの彫刻や、溶かした金属を鋳型《いがた》に入れてつくるものが多数を占めます。石材の場合は、碑石や建造物、器物、岩壁などの自然な摩崖《まがい》に刻みます。

内容はさまざまですが、文献史料が少ない時代へと遡るほど、研究対象としての重要度は高まります。江田船山古墳から出土した「銀象嵌銘大刀」は重要な史料となっている金石文の一つです。

象嵌というのはある素材に別種の素材をはめ込むことを意味します。鉄剣に銀で文字が刻まれています。

江田船山古墳出土「銀象嵌銘大刀」（東京国立博物館蔵 ColBase:https://colbase.nich.go.jp）

日本遺産

国史跡

チブサン古《こ》墳《ふん》

装飾古墳の最高傑作の一つ

見て知る

葺石《ふきいし》で飾り武装石人《ぶそうせきじん》が並び立った前方後円墳

山鹿《やまが》市内の岩野《いわの》川の右岸、台地の東端に位置する前方後円墳で、周濠《しゅうごう》がめぐっています。装飾古墳として全国的に知られており、周辺にも装飾古墳が数多く分布しています。

墳丘からは葺石や埴輪《はにわ》のほか武装石人が見つかりました。古墳の周囲では、六世紀前半頃のものと考えられる須恵器《すえき》や

壁画の複製

DATA

【時代】六世紀前半

【大きさ】墳丘長約四四m

【所在地】熊本県山鹿市城字西福寺

埴輪、葺石が出土し、墳丘のくびれ部付近には、武装石人が列をなして立っていたと考えられています。

信仰の対象にもなった装飾古墳の霊力

埋葬施設として、後円部にある割石を積み上げてつくられた横穴式石室は、江戸《えど》時代以前から開口していました。

オブサン古墳

内部の発掘調査は実施されていないため、少量の土器以外の副葬品は見つかっていません。

石室の奥には石《いし》屋形《やかた》（壁に接して組み立てられた安置施設）があり、その内壁に、九州における古墳壁画の最高傑作の一つといわれる図文が残ります。赤、白、黒の三色により、幾何学文様や人物が石屋形内部を埋め尽くすように鮮やかに描かれています。正面に見える二つ並んだ円が女性の乳房に見えるため「乳房《ちぶさ》さん」、そこから「チブサン」と呼ばれるようになったというのが古墳名のいわれです。

なお、チブサン古墳の西北にはオブサン古墳があります。六世紀後半～七世紀前半まで追葬が行われた直径約二二メートルの円墳です。特徴的な張出し部や石室の装飾で知られます。江戸時代以来、チブサン古墳を乳の神様とした「乳房信仰」とともに、オブサンつまり「産さん」というお産の神様として「出産信仰」の対象でした。

COLUMN

装飾古墳

石棺《せっかん》や石室、また横穴墓の内・外面に彫刻や線刻・彩色により文様や絵などの装飾が施された古墳のことを装飾古墳といいます。四世紀末～七世紀頃までつくられ、全国に約七〇〇基、そのうち熊本県内にはチブサン古墳を含め約二〇〇基が集まっています。

装飾古墳は主に四つに区別されます。石棺に文様のある「石棺系装飾古墳」、墓室に文様の入った石板（石障《せきしょう》）を立てた「石障系装飾古墳」、石室壁面に文様を描いた「壁画系装飾古墳」、入口付近まで装飾された「横穴系装飾古墳・横穴墓」の四種類です。

描かれるのは、円や三角などの幾何学文様、弓や盾などの器財器物文様、人や動物など人物鳥獣文様などです。幾何学文様による辟邪《へきじゃ》の力、武具がもつ霊力、死後の世界へ死者の魂を無事に送り届ける思いが込められました。

日本遺産

特別史跡

西都原古墳群《さいとばるこふんぐん》

歴史を縦断する三〇〇基超の古墳群

重文

見て知る

子持家形埴輪（東京国立博物館蔵、ColBase:https://colbase.nich.go.jp）

宮崎県の西都原《さいとばる》台地とその周辺の南北四・二キロ、東西二・六キロメートルに広がる古墳群です。前方後円墳、方墳、円墳など、三一九基が現存する古墳群で、三世紀後半〜七世紀中頃の各時期に成立した古墳を見ることが可能です。南九州特有の地下式横穴墓なども混在しています。

中心となるのが、墳丘長約一七六メートルを誇る全国最大の帆立貝形古墳である男狭穂塚《おさほづか》古墳と、約一七六メートルで九州最大の前方後円墳である女狭穂塚《めさほづか》古墳の二つの陵墓参考地の古墳です。中型の前方後円墳二〇基ほどが初期に成立し、のちに男狭穂塚、女狭穂塚古墳が墳墓の中心的な存在になっていったと考えられています。

DATA

【時　代】三世紀後半〜七世紀中頃

【大きさ】墳丘長最大約一七六m

【所在地】宮崎県西都市大字三宅

日本遺産　国史跡

百足塚古墳《むかでづかこふん》

中央との交流を示す「ひざまずく男性」

見て知る

(新富町教育委員会提供)

百足塚古墳から出土した人物埴輪(新富町教育委員会蔵)

DATA

【時　代】六世紀中頃
【大きさ】墳丘長約八二m
【所在地】宮崎県児湯郡新富町新田一四七二

百足塚古墳は、新田原《にゅうたばる》古墳群《こふんぐん》の中心的な古墳です。六世紀中頃に築造された大型の前方後円墳です。全国的に前方後円墳が小さくなっていく時期ですが、新田原古墳群では全長約八〇〜一〇〇メートルの前方後円墳が途切れず築造され続けていました。

百足塚古墳の周堤からは、約一〇〇体の円筒埴輪《えんとうはにわ》のほか、「ひざまずく男性」や「踊る女性」を含めた珍しい形象埴輪が六〇基以上出土し、日本遺産に登録されました。出土した形象埴輪の構成内容が、第二六代継体天皇《けいたいてんのう》の墓とされる大阪府の今城塚《いましろづか》古墳(➡九三ページ)に類似していることから、ヤマト政権と深い関係をもっていた人物の墓と考えられています。

県史跡

船塚古墳《ふなづかこふん》

小墳を従えた佐賀県最大の前方後円墳

空撮

地上から見た前方部

脊振山《せふりさん》の南側にある緩やかな傾斜に築かれた佐賀県最大の前方後円墳です。墳丘は三段築成で、周囲に幅約一二〜一八メートルの周濠《しゅうごう》がめぐっています。墳丘上で葺石《ふきいし》が確認され、後円部の墳頂から家形埴輪《いえがたはにわ》が出土しました。

　埋葬施設は明確になっていませんが、後円部の墳頂に明治時代の盗掘の跡が残っており、そこから大型の勾玉《まがたま》が一個発見されました。内部を赤く彩色した竪穴《たてあな》石室があったと伝わります。

　また、畿内の陪塚《ばいちょう》（大型古墳に付属する小古墳）のように直径一二メートル前後の複数の円墳が古墳を囲んでおり、九州では珍しい例です。陪塚は七基が現存していますが、かつては一一基あったとされています。

DATA

【時代】五世紀中頃
【大きさ】墳丘長約一一四m
【所在地】佐賀市大和町大字久瑠間字東角

参考文献

『前方後円墳とはなにか』（広瀬和雄著／中央公論新社）

『前方後円墳の世界』（広瀬和雄著／岩波書店）

『前方後円墳国家』（広瀬和雄著／中央公論新社）

『古墳図鑑　訪れやすい全国の古墳300』（青木敬著／日本文芸社）

『考古学から学ぶ古墳入門』（松木武彦編著／講談社）

『古墳のひみつ　見かた・楽しみかたがわかる本　古代遺跡めぐり超入門　改訂版』（古代浪漫探究会著／メイツ出版）

『図説　日本の古墳・古代遺跡』（歴史群像編集部編／学習研究社）

『装飾古墳の世界をさぐる』（大塚初重著／祥伝社）

『日本古墳大辞典』（大塚初重、小林三郎、熊野正也編／東京堂出版）

『古墳空中探訪　列島編』（梅原章一著、今尾文昭解説／新泉社）

日本《にほん》の古代《こだい》を知《し》る
古墳まるわかり手帖《てちょう》

二〇二三年 一〇月二〇日 初版発行

著者 クリエイティブ・スイート
監修 広瀬和雄
執筆協力 小倉康平 明石白 西田めい
イラスト Pecco
本文デザイン 大槻亜衣（クリエイティブ・スイート）、兼元朋美
装幀 相原真理子
発行所 株式会社 二見書房
東京都千代田区神田三崎町二ー一八ー一一
電話 〇三（三五一五）二三一一（営業）
〇三（三五一五）二三一三（編集）
振替 〇〇一七〇ー四ー二六三九
印刷 株式会社 堀内印刷所
製本 株式会社 村上製本所

＊本書は 2023 年 8 月時点の情報です。

ISBN978-4-576-23110-5
https://www.futami.co.jp/